【文庫クセジュ】

西洋哲学史

パルメニデスからレヴィナスまで

ドミニク・フォルシェー著
川口茂雄/長谷川琢哉訳

Que sais-je?

白水社

目次

はじめに

哲学史全体を、小さな新書というプロクルステスのベッドに寝かせるなどということは、危険だし、そんなことをすれば非難されるのは避けられないだろう〔プロクルステスは、ベッドの長さに合わせて寝かせた人の脚を切り落としたというギリシア神話上の人物で、杓子定規な処理の喩《たと》え〕。けれども、困難というのは、チャレンジし、乗り越えるためにあるのだともいえる。

ちょっと簡単な計算をしてみようか。それだけでも負うべき責任の重さで、脅迫されて首にナイフをつきつけられているかのように思われてくる。たとえば、三ダースほどの哲学者を選んでとりあげると仮定する。すると〔コレクション・クセジュでは〕、一人あたり三頁少々記すのが関の山だ。かといって歴史上の哲学者と呼ばれうる者たちすべてをとりあげるなどというのも不可能だ。

重要度の「大きい」哲学をとりあげて、重要度が「小さい」と想定される哲学については専門家たち同士の議論にまかせて、ここでは省略してしまう、という発想を方針にしたところで、なにか確実な保証が得られるわけではない。というのも、哲学においては他のどんな分野よりも、「大きい」とか「小さい」といった区別は、もともと怪しげなだけでなく、その区別をなすこと自体に哲学的な診断、哲学的な態度決定——さらに言えば、党派選択——が含まれてしまっているのである。だからそうした区別は、つねに哲学的に批判され、議論されるべきものであり続ける。この分野では、いかなる判定も中立ではない。くわえて、この種の考察の周縁・余白部分にあたるものもじつに不確かだ。どういった書物は哲学に含まれ、どういった書物は含まれないのかということも、決めなければならなくなるのである。

とはいえ、その名に値する哲学というものは、やはりなによりも本質的なるものについての言説であり、樹木のように成長しながらのちに、枝分かれしたり、あるいは花火のように多少遅れてから花開いたりするものだとしたら、それならば、さほど多くない数の重要な哲学的根本態度という太い枝を見ていくことで、無際限な著作群の膨大さは緩和されるはずだ。この規準設定は、それ自体哲学的である。個々の根本態度にたいして点数や通知表をつけることなどは不可能である。思考の冒険が経てきた諸々の主要段階を再訪し、追体験することこそが、重要なのだ。カタログでもなければ、回顧でも記念でもない。そのようにして私は、哲学的諸作品の硬い核の部分になっていて、その最も一般に知られ通俗化していった形態にまで生命を吹き込んでいる、さまざまな根本精神〔精髄、エスプリ〕というものを、できるだけ数多く紹介することができればと望んでいる。

〔フランスという〕あるひとつの歴史・文化・国に属するひとびとを読者として想定していることで、選択に、ある程度の慣習によるかたよりが生じることは避けられなかった。ある意味では、歴史的に沈澱してきた〔フランスでの既存の哲学史の書かれ方・各哲学者への重要度の配分という〕不公平さを追認しただけになった面もあるかもしれない。哲学的言説の普遍性が、この思想の地理学がもつ諸々の限界を埋めあわせてくれると私は期待している。

匿名の哲学というものはない以上、われわれの記述の足場は、ひとつのアプローチ、ひとつの態度、ひとつの精神を、理性的で分節化された言説へとうまく結晶化させたひとびとの紹介に置かれることになる。ふつうの言い方をすれば、個々の著者単位で紹介していくということだ。全体の理解が容易になるように、人物についての短い情報を載せ、また年代順序をできるだけ尊重した。ただし、思想連関の見通しやつながりをくっきり見えやすくすることがより必要になったさいには、順序をひっくり返すことはいとわなかった。

〔哲学史という〕対象がもつ根本的な複雑さによって課される限界に挑戦しながら、わかりやすく書くという意図を私は最大限推《お》しすすめようと試みた。しかしながら、シンプルすぎると嘘になってしまう段階というのはやはりある。哲学には労苦がつきものである。だから読者は、ここで紹介される諸々の思想のなかに入りこんでいただきたい。哲学思想を、外から傍観者的に眺めて記述したり、うわさ話したりできる対象とはみなさないでいただきたい。良薬口に苦しかどうか、どの薬なら我慢して飲めるかという判断は、みなさん一人ひとりにお願いするほかないのだ。

第一章　哲学の自己探求──古代ギリシア

Ⅰ　哲学の誕生

哲学は一日にして生まれるわけではない。ましてや、無から生じてくるのでもない。そうではなく、あれこれの世界観やあれこれの知恵から哲学は萌えいでてくるのだ、と、思うひともいるかもしれない。しかしそうした世界観や知恵が哲学を形成する真の土壌となるためには条件がある。それは、理性的な言説に固有の特性が認められ発揮されるということだ。この条件が充たされない場合には、諸々の世界観や知恵はむしろ哲学を卵の殻のなかで窒息させたり、生まれてくることを妨げたりして、人類にとって哲学がもつ不可欠な機能・役割のいくつかを別なかたちのものにしてしまうだろう。そして知をもとめる欲望をきっとなにか別の欲求のうちへと漏れ流してしまうことであろう。

さて、その条件はというと、古代ギリシアにおいてそれは確保された。のみならず、他のどこにおいてよりもよりいっそう明晰かつ見事に実現されたのだった。

とはいえこの事実は、古代ギリシアの思想家・賢者たちがすべてみな狭義の意味での哲学者であったということを意味するわけではない。なるほどアリストテレスはタレス（紀元前六世紀）を「最初の思弁的哲学者」と形容したのだったけれども、タレスの学説はまだ古来の伝統的な宇宙論的言説の枠内、つまり、象徴的な原理でもってあらゆる事物の起源を説明しようとする言説の枠内にあった。このことはやはり認めておかなければならない。

　タレスにとって、万物の原理とは水であった。アナクシマンドロスにとっては、それは無規定な無限なるもの（ト・アペイロン）であった。アナクサゴラスにとってはそれは知性（ヌース）であった。ピュタゴラスはといえば、諸々の数という象徴系のうちに実在の全般的な鍵を探しもとめたのであった。これにたいして、近代人によってたいへん称賛されることになるヘラクレイトス（「万物は流転する」という言葉は彼が述べたとされる）は、すべては反対物の対立・抗争からの絶え間なく変わりゆく帰結としてあるのだとした。われわれが事後的に「ソクラテス以前」のひとびとと形容するこれらの思想家・学者・賢者たちは、未来の時代に芽吹くことになるさまざまな種を蒔《ま》いた偉大なインスピレーションであったといえる。だが、たんに種というだけにはとどまらない、哲学の「父」と呼べるまっとうなかたちをとった思想としては、パルメニデスの登場を待たねばならなかった。

　パルメニデス（紀元前五四〇〜四五〇年）は、有名な『詩』断片（パルメニデスの主著作）の著者である。この『詩』は、たしかに外面的にはなお知恵文学（旧約聖書のなかの『ヨブ記』『コヘレトの言葉』などの思想的教訓をふくむ書）的な性格を呈している。しかしながら、そこでパルメニデスが存在するものが（同質的で完全で、十全である「丸きもの」として）存在すると述べ、そしてこの存在は思考においてみずからを言い表わすと述べるときには、もはやすべての事柄が（パルメニデス以前の諸思想とは）決定的に変わっているのだ。

　存在することと思考することとの同一性ということ。そしてまた、このことのネガティヴな側の面もやはり重要である。すなわち、無は存在しない、無は思考されることも言葉にされることもできない、ということだ。パルメニデスは存在の「父」であるが、同時に、無の父でもある。「存在はある、無はない」。このパルメニデスの言明はあまたの哲学学説のうちのひとつなのではない。そう、まさしく哲学というジャンルそのものの成立に、われわれはここで立ち会っているのだ。哲学の対象、それは存在しているもの（存在者）の存在である。哲学すること、それは、存在を言葉にして語ることである。哲学的真理、それは、存在と言説との同一性である。存在と無という対立と表裏をなす、ラディカルな二項対立、それは、真なるものと偽なるものという対立である。

端緒《たんちょ》（起源、出発点、根源）をめぐる探求の道のりはこうして、人生の生き方ということに直接に向かうのではなく、むしろ、存在者の存在をめぐる言説のほうへと通じていく。肝心なのは、人間を締めつける欲望にたいして抗《あらが》うことではなく（パルメニデスとバラモン教・仏教の成立がほぼ同時代であることを忘れないでおこう）、むしろ、真理のほうへと欲望を向けることである。変化しつづける生成の世界、意味を喪失し変転する見かけの世界からみずからを切り離すこと。要するに、「知恵なき群衆」を魅了し、とりこにしてしまっているすべてのものと手を切ることが必要なのだ。

II　プラトン

プラトン（紀元前四二七〜三四七年）は、アテネ人。ソクラテスの弟子であり、王（シラクサのディオニシウス一世、二世）の顧問であり、アカデメイアの創設者であった。プラトンは、卓越した意味での哲学者であり、絶えず参照される存在でありつづけてきた。プラトン哲学の要約を許さぬ豊かさは、汲み尽くされえないものだ。

1　ソクラテスの教え——ひとつの著作も残さなかった歴史的存在としてのソクラテス〔紀元前四六九～三九九年〕と、プラトンの著作のなかで演出されたソクラテス像とを区別するのは難しい。とはいえ、それでもひとつの学説を〔歴史的存在としてのソクラテスが説いたであろうものとして〕取り出すことはできる。ソクラテスは、なにも知らぬ者、しかし自分がなにも知らないということを知っている者として現われる。それゆえに、彼は自身の無知を知らないような者たちよりはなにがしか、より多くのことを知っているわけである。ソクラテスは、教師でもなければ、上司でもない。ただひとえに彼は、ひとをつつく針であり〔『ソクラテスの弁明』に「アテネという馬を刺すアブ」という表現がある〕、手ほどきする者であり、鏡であり、彼の「ダイモーン〔守護神〕」の媒介者なのである〔このダイモーンという語の含意には「宿命」、天職、霊感、神と人間との仲介、というものがある〕。

　自分自身では美しく、かつ善なる真理を産み出すことはできないがゆえに、ソクラテスはただもっぱら魂の助産師たろうとする。魂のうちには、魂たちが忘却してしまった永遠の真理が包み隠されているのだ。ひしゃげた鼻、シレノス〔ギリシア神話の半人半獣の精霊〕のような顔、ソクラテスは文字通りの引き立て役のぶさいくな男である。その彼は、なにかでき合いの知を空っぽの容器としての弟子のうちに注ぎ込むのではない〔あたかも盲目の眼に視力を外から植え込むことができるかのように思っているのか……、とのちにプラトンは『国家』で言うだろう〕。ソクラテスは、矛盾を浮かびあがらせるイロニーによって、差異を回復し、弟子を自己自身に立ち返らせる〔汝自身を知れ！〕。そうして弟子たちの魂を解放し、善のほうへと再び向けかえさせようとするのである。
ソクラテスが「意図して悪人になるものは誰もいない」と述べるとき、彼が言っているのは、無知な善意はよけいなお世話にしかならないものだ、というようなことではない。彼が示したいのは、悪をなす者も自身が善とみなしていたことを望んでなしたのだ、ということである。したがって〔本当の意味での〕徳ある人間とは、真の善を知り、かつそれを意志することで、みずからの卓越性に到達した人間だ、ということになろう。

ところでソクラテスは、たんなる賢者以上の者、言葉〔ロゴス〕の証人であった。言語というものの本質、言語に内在する真理への志向ということに忠実である限りにおいては、言語は暴力の反対物となる。しかし、もし言語がみずからの本性を裏切るならば、言語は形式だけの技術（弁論術）になり下がってしまうか、あるいは、力関係における武器であるような説得テクニック（詭弁術《ソフィスム》）へと転倒されてしまうのである。証拠を挙げてみよう。ひとを中傷する言説が裁判員たちを説きふせて、無罪の者を有罪にし、殺してしまえ、というような説得に成功してしまうことがありうる。ソクラテスは、国家の神への不敬の罪と、若者を悪しき教育によって腐敗させているという咎《とが》に問われた。誰もがそれなしで済ませることのできない《国家《ポリス》》の法をどこまでも尊重するために、ソクラテスは不正義を受けいれる。友人たちによる脱獄の薦めをことわって、彼は毒ニンジンを飲み、最期の瞬間まで言葉の英雄、言葉の殉教者として逝った。彼は言葉というものの重みを守るためにみずからの命をひきかえにしたのだ。

ソクラテスの死というこの劇的な出来事――哲学というもののいわば創設神話となった出来事――によって、若きプラトンは激しく動揺した。プラトンは、以後人生をかけて、危機にあるロゴスの再建に全力を尽くすことになる。あれこれのテーゼやスローガン（ヘラクレイトス的流転主義、まったき相対主義、形而上学的ニヒリズム、等々）によって損なわれてしまった、美・善・真の尺度を取り戻すために。哲学者とソフィストとが犬と狼とのように似ているように見えるのは、両者がいずれも言語をあやつるからである。そこに存していているはずの、哲学者とソフィストとの差異を確立し、基礎づけなければならない。そのためにまず、ひとを欺く見かけのものをきっぱり退けることから始める必要がある。

2　端緒の道のりとしての哲学――プラトンの有名な《洞窟の比喩》（『国家』第七巻）では、導きをうけていない無知な者たちが、暗闇のなかでずっと以前から鎖で縛られた囚人として描かれている――囚人たちは縛りつけられたまま動けない。彼らは、彼らの背後にある大きな火の光によって彼らの前に映されている影、彼らの背後で〔見栄えだけで質のない安物を扱う〕道具屋たちが運んでいく物品（実物）の影を、実在そのものとすっかり勘違いしている――という描写である。ただしこの囚人たちが蒙っているのは、彼らに知が欠けているという意味での欠如なのではない。そうではなく、彼らが蒙っているのは、直接的な見かけ（現われ）の過剰なのである。囚人たちはそのさまざまな見かけに、狂信的なまでに執着してしまっているのだ。

形而上学的愚鈍の夜のうちに浸《ひた》されている囚人は、自分でみずからの縛りを解くことができない。のみならず、囚人はそうしたいとも思っていない。解かれることのイメージすらもっていないのだ。もし、かりに縛りが解かれたとしても、たんにそれだけでは、本当の意味で囚人が自由となったことにはならない。他の誰かが、つまり、すでに哲学の手ほどきを受けている誰かが、この囚人のために思案し、囚人をその鎖から解き、そして、立ち上がるよう囚人に命じ、最後に、後ろに顔を向け変えるよう命じるのでなければならない。言い換えるなら、仲介者が必要なのだ。仲介者なしには、見かけへの執着から自己を解き放って、そこから必要な距離をとり、差異というものを把握することは不可能なのである。

この第一段階は消極的な段階だが、これが次の積極的な導きを可能にする。ただし注意が必要。あまりに突然に、急に実在のほうへと向け変えられてしまうと、ついさっき縛りを解かれたばかりの囚人は、光の欠如ではなく今度は光の過剰のために、まぶしさで目がくらんでしまい、新たな夜に浸されて盲目となってしまうであろう。そうであるがゆえに、段階をおって道のりを進むことが肝要だ。夜の星で眼を慣らさせ、次により明るい星、その次に月を、そして最後に太陽というものを示してやる。こうして囚人は、洞窟にいたときの彼にとっては最も明瞭〔明るい〕であったがそれ自体としては最も不明瞭〔暗い〕なものから出発して、最も不明瞭に見えたがそれ自体としては最も明瞭であるものへと進み、そして最後に、囚人にとってもそれ自体としても最も明瞭であるものへといたるのである。具体的に言い換えると、このことが意味するのは、問答法を真に身につけられるようになるために、準備教育的学問〔算術、幾何学、音階論〕をまず経由することが必要だということなのである〔『国家』五三六d〕。

だから、プラトンによる哲学の定義はとてもシンプルである。哲学とは、真なるものへの道のりであり、それは端緒の導きによる道のりに沿って進む。その道に出発点はひとつしかない。というのも、出発点とは現実には到着点だからである。実際、囚人は野生人でもなければ生来の盲者であるわけでもなく、ただ、隷属した存在であるのだ。言い換えよう。いったいどうして、『メノン』〔前期プラトンと中期プラトンとの橋渡しとなる重要な対話編〕に登場する少年奴隷は、ソクラテスに導かれながら、正方形の面積を二倍にするやり方を発見するにいたったのだろうか？　それは少年が幾何学についての自身の先入見を脱ぎ捨て、良い方法を見出したからである〔少年奴隷は最初正方形の辺を二倍にし、面積は四倍になってしまう。そこでソクラテスはもとの大きさの正方形に対角線を引くことを教え、少年は見事に二倍の大きさの正方形を見出す。ここでは対角線という発想が準備教育的に示されているのだが、潜在的には平方根さらには無理数という高度な観念の導入が用意されていることになる〕。すべての認識は、じつは、再 - 認識なのである。魂は真理を再び思い出すのである（これが有名な想起説である）。なぜなら真理とは非時間的なものであり、つねにすでにそこにあるものであり、決して新たに始まるものではないからである。無知とは、それゆえ忘却なのだ。魂がレーテー河、《忘却》の河を渡るという神話〔そうして魂はこの世に生まれる以前に前世で覚えたことを忘れてしまうとされる〕、この世の身体に入ることの象徴的神話が表現しているのは、そのことである。

こうして哲学の方法は、哲学の内容、すなわち、魂のうちでの永遠的内在という説と不可分であるということがわかる。方法は、誰でもどんなものにでも使用可能な機械的規則のうちに現われるものではない。学の準備教育というものはあるが、しかし準備教育の学は存在しないのだ。

3　真に実在的な実在をもとめて

真の実在は、見かけとして現われているモノのことではない。実在とは、事物を事物として存在させている当のものであり、精神によって把握され、言語によって述べ表わされるもののことである。プラトンはその実在のことをイデアと呼んだ〔いわゆるイデア論〕。イデアという語はもともとの意味からすると、（魂によって）見られる（本質的な）かたち、ということである。美はそれゆえ、美しい事物のことではない――鍋、女性、サラブレッド、などとナイーヴなヒッピアスは考えていたが――、そうではなく、事物を美しくしている当のものなのである。同じことが、等しい事物や正しい事物についても言える。真に等しいのは《等しさ》そのもののみであり、真に正しいのは《正しさ》そのもののみである。諸々のイデアはそれゆえ、実在と認識との鍵だ。もしさまざまなイデアがなかったならば、言語は言語のうちで堂々めぐりするだけの閉じた世界しか形作れなかったことであろう。

イデアのおかげで、ひとは一なるものへと上昇することができ、見かけのものの多数性を捨て去ることができる。この意味でイデアとはまさに多数的なものにたいする統一性であるが、ただし、イデアはいかなる意味においても抽象的なものでは断じてない（抽象《アブストラクシオン》というのは、語源的には「外に引きだす」という意味だ）。むしろ抽象的なのは感覚的事物のほうなのだ。それらはイデアから引き離れているのだから。

イデアへの上昇のこのプロセスが問答法である。プラトンは問答法を「問いただし、根拠づける」（『国家』五三三c）技術として定義する。数学がするように純粋な関係性を構築することだけで満足するのではなく、問答法はわれわれにあらゆる尺度にとっての尺度を、あらゆる仮説にとっての非仮説的原理を、発見させてくれる。問答法的上昇の終点に到着するとき、精神はイデアからイデアへと渡り移るようになる、言い換えれば、必然的関係性を理性的〔合理的〕に展開し、厳密に演繹された結論を産み出すことができるようになるのだ。

対話は、まさしくこうした探求の手順によく対応したものだ。だが、対話の外的形式に惑わされてはいけない。もし、お世辞を言って迎合してくる従順な相手と対話していればよいだけなのなら、話の手続きは簡単になるだろう（『ソピステス』二一七c－d）。だが本当の対話とはそうしたものではない。真の対話とは、第一には、魂が魂自身となす対話である――それは思考することと言われる（『テアイテトス』一八九e）。

4　言説のはらむ困難――以上のような学説にはらまれている困難に、プラトンは気づいていなかったわけではない。どのようにして、イデアはイデアではないがイデアなくしては存在できないような諸事物と関係をもちうるのか？　どのようにして単一的なイデアは、みずからを分割することなく、諸事物の多数性を説明することができるのか？　ここで、分有説（中期プラトンの中心学説のひとつで、イデア論を支える有力な論拠とみなされる。ただし他方で、後期プラトンの著作では分有説が前面に出なくなっていき、分有説は後期には修正ないし放棄されたとも考えられる。プラトンの最終的な到達点をどこに見るかは現代でもさまざまな議論を呼んでいる）というモデルをもちだしてきてもむだである（分有説は、イデアが分裂もせず喪失もされない仕方で無数の事物の存在を説明してくれはするが）。というのも、そうするとわれわれはモノの世界から完全に切り離された叡知的世界を別に作りあげるという二世界論の危険に陥ることになりかねないからである。それはイデアをモノ化して、モノの世界を無駄に二重化することでしかない。結局のところ――プラトンはどこか滑稽《こっけい》な調子で説明する――、奴隷が奴隷であるのは、主人の本質なり主人の存在そのものなりとの関係においてではない。奴隷は、肉体をもった現にそこにいるひとりの主人の奴隷なのである。そもそも、諸々のイデアのあいだの関係というものを確立しないで、どうやって言説の要素を有意味に分節化することができるだろうか？　そして、もし言説がイデアを対象とするものであるとするならば、なぜ偽なる言説というものが存在するのだろうか？

こうしてプラトンは、次のようなパラドクスめいた主張を擁護せざるをえなくなる。すなわち、偽なる言説なしには真なるものと偽なるものとの区別が存在しなくなり、言説というものがすべて無に帰されてしまう以上、偽なる言説の可能性と実在性を証明しなければならない、という主張だ。しかもそのためには、偽なる言説がなにも言ってはいないということを示さなくてはならない。無を言うということは、なにも言わないということであるが、ひとが真に言う内容はすべて自動的に真であるのだとすると、真に言う内容には偽なる内容も含まれることになる（「彼は嘘を言っている」ということを真に述べるためには、

「嘘を言う」ということや「無を言う」ということになんらかのリアリティが認められなければならない。だが「嘘」や「無」は《存在しないもの》であるから、存在しないものをどうやって言葉にして語るのかという困難が生じる」。

無は存在しない、と言ったパルメニデスにたいして思想的「父殺し」を犯すことを、甘んじて受けいれるべきである。偽なることを言うとき、ひとはなにも言っていないのではない。ひとは真なることとは別のなにかを言っているのである。存在する存在となんでもない無とのはざまに、第三の類《ジャンル》が位置しているのだ。それが、《異》（「別の」「他なる」）である。こうして《異》というカテゴリーが、〔たんに存在しないものとして締め出されるのではなく〕知解可能な世界のなかへとデビューを果たす。この《異》こそが、諸々のイデアを不活性で孤立した偶像となすのではなく、まさにさまざまな生けるダイナミックな関係性のうちに、存在全体のただなかに（『ソピステス』二四九a）、諸々のイデアを組み込むことを可能にしているのである。

世界・万有は一元的ではない、ということはそれでも残る。同類のものは同類のもの同士としか調和することができない。宇宙論《コスモロジー》がそのことを確証している。世界は全能の神によって無から創られたのではなく、ひとりのデミウルゴス（職人、創造者）によって、先在していた素材（《同》、《異》、《混合》）から作製されたのである（『ティマイオス』での論）。したがってわれわれのこの下界は、その原材料の存在論的不十分さによって欠陥あるものなのである。まさにこの形而上学的二元論でもって、プラトンは悪というものを説明する〔なぜ善だけではなくこの世に悪があるのかという問題は、西洋哲学における最大のテーマのひとつ〕。そして同時に、《神》に匹敵するような《悪》の原理があるという仮説（それはのちにマニ教の原動力となる）をしりぞける。

肉体（ソーマ）は精神的な魂にとっての墓（セーマ）である、という言葉上のしゃれの意味がここにある。イデアの同族である魂は、みずからのうちに自身の堕落の条件を含みもっているということが本当ならば（『パイドロス』では、魂は御者に操られた善い馬と悪しき馬との二頭立ての馬車にたとえられていて、その御者は天空の行列にうまくついていくことができない）、やはり、この世の身体への受肉は堕落による流刑であるということになろう。そうであるがゆえに、魂の不死についてのプラトン的「証明」は、最終的には、生と死のサイクルによって変わることのない、魂の永遠的性格の肯定にほかならないものになるのである（『パイドン』）。

こうした地上的条件のもとで、いかにしてわれわれの言語は、感覚的イメージや表象を重く背負ってしまっている言語は、絶対的なものをわれわれに手渡すことができるのだろうか？（『第七書簡』）諸々のイデアは事物の輝く本質ではあるが、諸々のイデアそのものはイデアを照らしイデアを知解可能にしている光なのではない。太陽が感覚的事物を照らす光の彼方にあるように、実在と実在の認識の条件は実在と知解可能性の彼方にある。この条件こそが、《善》である〔善のイデアは、イデアのなかのイデアといわれる〕。それは《存在》ではなく、あらゆる知解可能な本質を超出しており、そしてそれゆえ決して言説の対象とはなりえないものである。別様に言えば、哲学は決して絶対的なものについての絶対的知とはなりえないということである。哲学は、哲学が決して届くことのできない知への愛にとどまるよう罰せられている。理性的言語は、言説の彼方にむかうものへと場をゆずらなければならない。それが、観照〔テオーリア〕である。

5　人間存在――人間が、生じてくるさまざまな葛藤によって揺り動かされるということから、逃れられるようになることはないだろう。洞窟の外で知の導きを受け、再び洞窟のうちに戻ってきた者は、いまや実在そのものを観《み》る力と、そして理想的調和をこの下界において模倣しようとする希望とを覚えて戻ってきた。けれども、洞窟内の囚人たちから、彼は冷遇される。囚人たちはこの者を頭の狂った邪魔者としてしかみなさず、さらには殺してさえしまうかもしれないということは、ご承知のとおりだ〔このようにプラトンは「洞窟の比喩」の締めくくりにさいしてかつてのソクラテス裁判を暗示し、ポリスの現実を批判している〕。

正しい《国家》――調和によって統御された国家――というのは、不可能なのだろうか？《善》の現実化と完全に一致し、現実の歴史の外部にあるような政治的企図というものは、厳密な意味では、ユートピアでしかない。『国家』という著作が、現実に適用するためのモデルを提供しなかったことの理由はそこにある。たとえかりに王たちが哲学者であったとしても、哲学者たちが王であったとしても〔いわゆる哲人統治説。以下、『国家』において諸政体についてなされる説明の概要〕、この世の条件のもとでは、そうした試みすべては挫折へと運命づけられるであろう。生成流転の圧力のもとで、優秀者支配政は宿命的に堕落するものなのであり、それは勇敢な者らの政体（名誉政）へと変わり、次いで富裕層の政体（寡頭政）となり、そして自由至上的な平等の政体（民主政）となり、最後にいたって、最も卑しい諸々の欲求が支配する独裁的な僭主政の世の中となる。

ということは、『国家』という著作の真の意味は、道徳にあるのだ。マクロコスモスとしての《国家》と、ミクロコスモスとしての人間の魂――そこでは理性、「気概《テユモス》」、欲望の三部分がせめぎあう〔一般に「魂の三区分説」と呼ばれる〕――とのあいだにぴったり重なる厳密なアナロジーが存していることを知る者は、正しい《国家》は正しい魂のモデルであるということがわかる。人間にとって、自己自身のうちにその正しさを実現することこそが、重要なのである。

でもそれなら、はたしてどのようにして、肉体のうちに埋め込まれてしまっている魂は、真の生へと到達することができるのだろうか？　まさにここで、エロスによる媒介が介入してくるのだ。実際、《美》は、途方もない特権的役割を有している。われわれの世界からは切り離された、それ自体としての実在〔イデア〕すべてのなかでも、《美》のみが、見かけのもののうちでもみずからを顕現させうるのであり、みずからを感性化する〔感性によって把握されるものとなす〕ことができるのである（『パイドロス』二五〇b）。《美》をもとめての探求は《エロス》によって、《欠乏》の神と《富裕》の神とのあいだの息子であるエロス神によって生気づけられる。エロスは人間と神とのあいだの媒介なのだ。《愛》こそが、あらゆる次元（生物的生殖から知的認識にまでいたる）において、分割されたものすべてを結びつける。《愛》こそが、われわれを絶対的なものへと憧れさせ、段階を踏みながら、あれこれの個々の美しい肉体から引き離してすべての美しい肉体を愛することへ向かわせ、次に美しい魂、美しい行為を愛するよう向かわせ、ついには《美しさ》そのものへと飛翔させるのである（『饗宴』二〇四－二一二）。《西洋》のすべてはこの《エロス》概念によって印しづけられつづけるであろう。そしてこの概念と対をなすことになるのが、キリスト教によって説かれる贈与としての愛というわけである。プラトンにおいては、愛はつねに個人を超出していくものであるがゆえに、愛は受肉した個人をおしのける。ひとは《美しさ》そのものを愛するのであり、誰かを愛するのではない。

認識のエロス性が、プラトン哲学の特徴である。救済の教えであり手段であって、たんなる思弁的な知識ではない。もし哲学者がこの下界で、せいぜい節度（『ピレボス』）を最も貴重な宝石とするよりほかない混合された生に甘んじなければならないとすれば、また同じくやはり哲学者は、魂の飛翔をあまりに重くひきとどめる重りである下位次元の諸々の要素から解き放たれ、神のうちへと同化することをも希望せざるをえない（『テアイテトス』一七六b）。ひとがここに見出すのは、どんな解決によっても解消されることのない緊張である。『パイドン』におけるソクラテスの言葉に耳を傾けるならば、死――この「なすべき気高い冒険」――とは、われわれ人間の言説では越えていくことのできない境界線なのである。

III　アリストテレス

アリストテレス（紀元前三八五～三二二年）は、スタゲイラにて、マケドニア王の侍医であったニコマコスの息子として生まれた。プラトンの弟子、アレクサンドロス大王の家庭教師、アテナイの学園リュケイオンの創始者であるアリストテレスは、西洋的意識というものの構築においておおいなる役割を演じた。すなわち彼は、知への欲望、幸福の探求、そして行為ということを前面に打ち出したのだ。彼は形而上学という冒険の口火を切り、かつまた、さまざまな学知の領域を網羅的に組織化する試みを開始させた。のちの時代になってからは、アリストテレスは事柄をがちがちに枠にはめてしまったと非難されることになるのだが（彼の五元素説と、本質主義的な自然学のゆえに）、しかしやはり、アリストテレスこそが自然認識をかつての神話的言説から解放した人物である。彼は、科学的精神なるものの形成に貢献したのである。

1　知への欲望――「すべて人間は、生来、知ることを欲する」。この決定的な命題は、『形而上学』の冒頭に置かれているというだけではない。まさに探求の歩みのすべてを生気づけることになる精神そのもののスタート地点を表わしている。この命題が最も広く深い射程において宣言しているのは次のことである。すなわち、人間は生まれながらに、本質からして、絶対的なものの理性的認識を探しもとめるものであり、そこへと向かおうとする欲望がわれわれのうちに深く穿《うが》たれている、ということである。ただしこの〔アリストテレス的な〕欲望というのはもはや、肉体のうちへと追放された魂がもつ〔プラトン的な〕それではない。アリストテレスにとっての人間は、自然のうちにどっしりと錨《いかり》を下ろしている。アリストテレスにとっての人間は卓越した意味での「生けるもの」なのである。一動物であることをやめることなく、しかしながら最も控え目な次元段階においても、人間存在はみずからに特有の能力を享受する（人間には特有の能力というものがある。たとえば人間の視覚は、ただたんに〔空間的に物体をとらえることに〕有用であるのみでなく、観照的でもあり、そのことで人間のうちに快をもたらすのである）。

人間というもののこうした特有のあり方が、学知のピラミッドを構築することを可能にする。諸原因、「理由」、基盤、存在根拠、といったものへの接近の度合いに応じての、非連続的な階層序列として、そのピラミッドは形づくられる。技術（あるいはこつ）というのはまだ個別事例に依拠しながらなにかを製作するさいの、一応理由のある方向整理であるにすぎないのにたいして、学はまさに普遍的なものに到達し、諸原因から事柄を認識するものである。そしてそれゆえ学とは、教えられうるものなのだ。

2　自然的実在についての論――生成変化する自然的諸実在は、通俗的言説や神話的言説へとゆだねられる

渡される〔うわさや先入見によって漠然と説明される〕のではなく、組織だった整合的な理論的認識である自然学の対象となる。生成するもの。それは、現われては消えゆく、たんなるはかない見かけのものにすぎないのではない。というのも、現実態（活動状態）として生起する当のものは、まず初めには可能態（潜

在状態）として存在していたのであり、つまりまったくの無であったわけではないのだ。自然的実在は、質料と形相との複合体である。ブロンズでできた球を例にしてみよう。その形相は、永遠的で、あるとき作り出されたものではない（形相としての球）。しかしその質料は、とりだして単独で把握されることができない（ブロンズはそもそもすでに複合物である）。質料はそれゆえ、未規定の原理なのであり、正反対のものをもうちに含みもつ純粋可能態なのである。現実存在するもの、それは複合体である。

　このことが明白に現われてくるのは、芸術の作業においてである。芸術製作は自然の事実と原理とを前提し、そしてそれゆえ、自然を模倣するものであらねばならない。ひとつのヘルメス像は、四つの原因をもつことになる〔以下、アリストテレス『自然学』で提示された「四原因説」の典型的な仕方での例示説明〕。①質料（純粋な質料でなくてもよいとすれば、たとえば大理石）。②形相（ヘルメス神の形相）。③動力因（彫刻家）。④目的因（神を表現すること）。芸術作品と生命体とのあいだの差異は、後者はそれ自身がみずからの運動の原理を有していることに存している。

3　言語論——言説というものが存在するためには、言語が存在を語りながらも、それでいて存在と混同されずにいなくてはならない。もしひとが両者の区別・差異を尊重しなければ、なにごとかを論じる言語の構成は可能でなくなり、真か偽かというオルターナティヴは不可能になってしまうことであろう。この点をふまえたうえで、アリストテレスは言語を存在から切り離して解剖し、論理学の大部分を基礎づけようと試みた。彼は矛盾律と排中律とを定式化し、命題の機能を分析し（主語、繋辞《コプラ》、述語）、推論規則を定式化したのだ。

　こうして登場した三段論法は、以後長きにわたって、学知と教育に固有の道具とみなされつづけることになった。なぜなら三段論法は、第三要素〔名辞〕としての媒概念〔中名辞〕の媒介によって、二つの要素〔名辞〕を結びつけて、真理を証明するから、である。それにたいして、討論術は、対話においてさまざまな意見を突き合わせることをとおして、蓋然的な結論を導き出す。他方、修辞学〔弁論術〕はといえば、それがねらうのは、ひとつの全体としての聴衆たちとのあいだで生きいきとした関係を、感情をともないつつつくりだすことである。

4　形而上学の問題――自然的実在が実在的なもののすべてなのではない。

しかし、ではいかなる学科が、自然的《フィジック》ではないなにものかに到達しうるのだろうか？　ここで性急に「形而上学《メタフィジック》」と答えるだけではよくないだろう。実際、由来からして、語と事柄とには困難がはらまれている。「形而上学＝メタ自然学」という語は、自然学の後で論述され教えられるものということを指し示すが、のみならず、階層秩序的により高次のもの、つまり「質料から離れた」「自然を超えた彼方」という意味でもありうる。こうして、「最も高次の事柄」についてのひとつの学を構築しなければならないということがわかるのだが、しかし、それはどういう事柄なのか？　われわれはそうした事柄を優位性によって特徴づければよいのだろうか、それとも、普遍性によって特徴づけるべきなのだろうか？

もし、第一のものであることに力点を置くとすれば、最高の学とは、神学であることになる。最も神的な学というのは、神を熟知する学であると同時に、神的な事柄を扱う学ではないだろうか？　神的存在は、他の存在者のように、量・質・時間・場所等々といったカテゴリーに服するものではない。神的存在は誕生、生成そして死とは無縁である。それは《究極原因》であり、他のすべてを動かす《第一動者》である〔愛の対象として欲望されることによって動かすのであり、だから動かしながらも第一動者は動かされているものすべてとは分離している)。認識可能な最高の存在がほかならぬ《神》であり、かつ同時に神は究極的な《思考》でもあるとするならば、まさしく神はみずから自身を思考するのであり、したがって、神は思考の思考である(『形而上学』L巻七)。こうした条件のもとでは、諸学のうちの最高のものである哲学は人間にはアクセス不可能であり、神のためにのみあるものということになろう。

だが逆に、もし存在の普遍性ということを特に重視するならば、最高の学は存在論、存在たる限りでの存在についての学であることになる。しかしでは、存在論の対象とは、あらゆる存在者に共通するような存在なのか、第一原理なのか、それともなにか独立した離在する実在なのか? プラトンのイデア論を、まったき実在〔実物〕から不当に切り離された形相を実体化する理論だとして批判しながら、アリストテレスは哲学の直面する困難を、存在についての言説と神学の言説とのあいだで引き裂かれていることとして見事に示している。神学も存在にかかわるが、ただしそれは、ひとつの存在〔神〕にである。哲学というものは存在論〔普遍的存在〕と神学〔最高存在〕との統一をひとつのモデルとし、尺度となすことがたしかに可能ではあるが、それにもかかわらずやはり、両者の分裂を受け入れることに甘んじてゆかねばならないであろう。

5　人間と行為——人間とはなにか? ひとつの完全な生きもの、かといって偶発的発生の産物ではない。アリストテレスは高次のものを低次のものに還元することを断固拒否する。人間は手をもっているから知的なのではない。「人間が手をもっているのは、人間が知的だからである」(『動物部分論』第四巻第十章)。魂はもはや身体から離反しつつ身体のなかに堕落しているものではなく、まさにそれは身体の形相であり、それなしにはひとつの身体は身体であることができないものなのだ。人間においては、魂はすべての機能をあわせもっている。つまり、植物的機能、感覚的機能、知的機能（知的機能には受動的部分〔受動理性〕と、能動的部分すなわち超越的で神的本性の部分〔能動理性〕とがある）。

この人間学は、重要な倫理学的問題を刷新しうるものだ。完全に分離された、到達不可能な《善》それ自体というものを立てたプラトンに反対して、アリストテレスは、あらゆる善なるものをなんらかの目的（栄養的目的、職業的目的、精神的目的、等々）として定義する。ただしこれら諸々の善‐目的は、たがいに等しい価値を有するわけではない。相対的な善（他のものとの関連で善いもの）と、それ自体が目的である絶対的な善とが存在するからだ。人間にとっては、究極的な善とは《幸福》である。だれもがみな「善」を探しもとめている。しかしだれもがみな善きものを見つけられるわけではない。それほど、相対的な善を絶対的な《善》と取り違えてしまうことは、容易に起こってしまうことなのだ。

どうやって、《善》を実現すればよいのか？　理性にしたがってみずからを導くことによって、言い換えれば、徳ある者となることによって。性格的な徳にせよ知性的な徳にせよ、徳こそが自然本性・教育・そして理性を、具体的に展開し連関づけさせる。「善き習慣」の娘である徳《アレテー》は、人間のうちに「第二の自然」を産み出すのである。

道徳的な徳は、拮抗《きっこう》する悪徳のあいだでの「中庸」として定義されるが、しかしそれはどんな場合においても、ほどほどの凡庸さなどでは決してない。たとえば、勇気は臆病さとも無謀さとも同時に対立関係にあるけれども、だからといって、勇気とはその両者を足して二で割った平均などではありえない。徳とは卓越性の頂点であり、最適性であり、多種多様な悪徳行為に面する唯一の有徳的行為なのである。

有徳的行為が人間の本質からの要求に完全に対応するものである以上、そうした行為は快によって成就する。この発想は、一般に快楽主義《ヘドニスム》が道徳というものを非難することを考えると、奇妙なものに思われるかもしれない。でも、快の真の本性をよくよく見定めるならば、そこに矛盾はないということに合意がなりたつはずである。実際、快が目的そのものではなく、分離され独立した実在でもなく、ひとつの報酬、活動を完成するためにやってくる無償の剰余なのだ。このことが理解されるやいなや、ひとはもはや徳ある行為と快とを対立させることはできなくなるのである。有徳的行為は、快が生じるための最良のサポート基盤となる。逆説的なことに、他のものを排除して快のみを称揚することは、快の本性と機能とを毒することになり、快を毀損《きそん》してしまう。快が恵みとしてみずからを展開するのはただ、それが行為につけくわわる場合にのみである。ちょうど「若さの花盛りにおける者たちに、美がつけくわわるように」(『ニコマコス倫理学』第十巻第四章)。

6　国家における生――人間とは媒介的存在者であり、人間が生きて存在していくためにはそれにふさわしい枠組みが必要となる。すなわち《国家》である。人間は、政治的(ポリス的)動物である。国家なき人間というものがいたとすれば、それは「神であるか、けだものであるか」(『政治学』序論)のいずれかであろう。国家とはたんなる動物集団なのではなく、自由と理性との産物である組織と諸制度を要する。国家のかなめをなすものは《正義》であり、正義の原動力は平等である(功績および職務に即して、平等でない者たちにたいして平等でない仕方で配分をすべきときには、配分的平等ないしは幾何学的平等。犯罪・軽犯罪にたいする〔量刑の〕場合のように、分けへだてなく各人に責務を果たさせるべきときは、算術的平等)。

他者との関係ということを含む限りにおいて、《正義》は徳の全体である。だが、正義は国家の最高次の理想なのではない。むしろその理想とは、友愛である。ただ正義であるだけの、友愛なき国家というものがあるとすれば、それは非人間的であろう。そして友愛が統《す》べるところでは、正義は不要となろう。

7　究極の幸福――幻想を抱いてはいけない。

ほとんどのふつうの人間たちは、哲学者になることはできないし、善き市民になることもないであろう。究極的な幸福は、知性〔精神〕（ヌース、魂の高次で本来的に神的な部分）の観照的な活動に専心没頭する、ごくごくわずかな一種のエリートにのみ用意されている。諸々の有用な〔役に立つ〕働きというのは、他のもののためにあるのでしかない〔手段であって目的ではない〕。観照の活動が最高次のものとして位置づけられなければならない理由は、それがそれ自体のためになされる活動だからだ。観照は究極の幸福への到達を可能にし、その活動が展開される程度に応じて、そこに至上の快をともなわせるのである。

　こうした結論は、論理的でつじつまがあっている。だがそれはわれわれを驚くべきパラドクスに突き当たらせる。すなわち、人間が究極目標に到達するときとは、人間がその目標を超出し、そして人間以上のものになるときである。実際、そのような目標はもはや人間的なそれではなく、神的なものである。したがって、まるで人間とは、それ自身であるためにはそれ自身以上のものであるのでなければならない存在であるかのように、アリストテレスは論じていることになる。人間にとっての尺度《ムジュール》＝節度とはひょっとして、度外れ《デムジュール》＝僭越なのではないだろうか？　生とはプラトンにおけるように分離した二つの世界のあいだで引き裂かれたものではない。けれども、生とはおそらく、内的なこの緊張なしには存在しえないもの、なのであろう。

Ⅳ　プロティノス

プロティノス（紀元後二〇五～二七〇年）は、哲学の神秘主義的次元を、まったき厳密さとまったき純粋さとにおいて展開した。彼により、その神秘主義的次元は、存在‐神‐論〔ハイデガーがプラトン・アリストテレス以来の西洋哲学の根本性格を批判的に指し示すために用いた言葉〕や形而上学の言説にたいして、それらとは別なる可能な根本態度のひとつとなるまでにいたったのだった。そしてそうである以上、プロティノスは新プラトン主義のスタープレイヤーというより、遥かにそれ以上の人物である。《存在》は《一者》のために第一の場所をゆずり、そして言説は沈黙に場所をゆずる。まだなお哲学であるといえるものが、もはや哲学ではあらざるものと合流する。彼が拓き示したこの分野においては、プロティノスという存在は決して乗り越えられえないものである。

かりに言語から固有のあらゆる権利を剝奪するとしても、推論はとりかえのきかないひとつの論理でありつづける（これは『エンネアデス』――《九つのグループ》の意――のもつ逆説である）。

哲学的上昇の終極においてひとは、絶対的に第一の、絶対的に完全な《原理》を見出す。それはなににも依存せず、他のすべてのものがそれに依拠するのだ。存在するものすべてを存在せしめるのであるから、この《原理》は存在を越えている。それは存在しない。だが、いかなる存在も、それが分有するこの単一性そのものとは異なっていながらも、一つの存在（一本の腕、一つの合唱隊、一軒の家、一つの群れ……）であることなしには存在しえないのだから、あることも存在することもない無仮定の原理とは、それゆえ、《一者》である。

《一者》は、もしそれ単独にとどまっていたら、最も完全であるとはいえなかったであろう。だからといって、《一者》はみずからが産み出すところのものを、必要としているわけでもない。《一者》とは、自由と主観性とを付与されたひとつの人格神、世界の創造主なのではない。ましてや《一者》はプラトン的イデアのようなモデルでもなければ原型でもない。《一者》はすべてのものの可能態であり、その可能態はあらゆる場所に拡がる。つまり熱源から熱が輝き放射していくように、流出するのである〔「流出」はプロティノス思想の最重要語とされる〕。《一者》から流出してきた三つの実体（あるいは位格）が、《知性》、《魂》、そして最後に物質的世界なのである。

《一者》についてひとはなにを語ることができるだろうか？　なにも語れない。言説の《原理》、それは言説の彼方なるものであり、言説による把握を逃れる。知性の《原理》、それは知性の彼方なるものであり、ゆえに知性はそれを理解できない。

なのでわれわれに残されているのは、神秘的経験という道のみである。発出（《一者》の物質にいたるまでの下降）の運動に、還帰の運動が応答しなければならない。還帰の運動によって、神的なかけらであった魂は、《一者》のほうへと向かって飛び出し、それと融合しようとする。「固有でも純粋でもない」ものを脱ぎ去ることで、魂は、無仮定の《原理》を源とする、みずからの美を再び見出す。脱自の恍惚《エクスタシー》において、賢者は「神」となる。

知性的弁証法は、スピリチュアルな生に場所をゆずったのだ。プロティノス哲学はひとつの宗教哲学、ただし宗教なき宗教哲学である。

V　生きる術《すべ》としての哲学――エピクロス派とストア派

もし人間が、偉大なる理論哲学の努力を断念し、さまざまな宗教の約束や掟も断念し、しかしかといって、安易な懐疑主義やシニシズム、あるいは粗野な動物化した生存《エグジスタンス》にも与《くみ》しないとすれば、それでもなお、人間は人間的に生きることができるだろうか？　幸福に生きることができるであろうか？　できるのかもしれない。ただしもしも、人間が物事を物事のあるがままに受け入れ、自分にたいして現われるがままに受け入れ、かつ、その受け入れるということに基づいて、人間を幸福にするようなある知恵を構築することがそれでもなお可能であるとみなすならばの話だ。

エピクロス派とストア派は、それぞれの仕方で、必然と自足とがどういうものであるかを、われわれに提起している。これらの知恵は「絶望の娘たち」であるとひとは呼んだ。エピクロス派とストア派の知恵は、学知をもとめるのでもなければ救済をもとめるのでもない、ということを強調しようとしてそう呼んだのだ。その知恵は、欲望のもたらすあらゆる幻想《イリュジオン》〔錯覚〕から縁を切ることをもとめるものだ。だがそうした知恵は、無数の形態をとる悪そのものを、その根から根絶してしまおうということは望まない。その知恵はただ悪の結果とのかかわりに専心するのだ。その知恵が変えようとするのは、まさしく、われわれの態度のほうであり、世界の秩序や世界の流れのほうを変えようとするのではない。

エピクロス派とストア派は巨大な成功を収め、古代という時代期間を超えて続いていく。個々の論点にかんする両者の対立にもかかわらず、エピクロス派とストア派とは一般にセットにしてとらえられるのがふつうだ。その理由は、両者が同一の主題をめぐるヴァリエーション〔変奏曲〕をなしており、絶対的なもの・非人格的なもの・内在的なものといった同じカテゴリーを認め、適用しているからである。この両思想においては、哲学はもはや、生き方、あるいは幸福な生き方より以上のものでも以下のものでもなくなる。もはや哲学の理論的な部分は、一手段でしかないのである。「哲学は語るべきことではなく、なすべきことを教える」とセネカ〔古代ローマの文人・哲学者・政治家、ストア派の代表的人物のひとり〕は述べた。「魂の苦しみを癒すにいたらない限り、哲学者の言葉は虚《むな》しい」と、エピクロスの箴言のひとつは告げている。

1 エピクロス哲学――「西洋のブッダ」ともいわれるエピクロス（紀元前三四一～二七〇年）によって創始され、とりわけルクレティウス（紀元前九九～五五年）の著作『事物の本性について』によって称揚され広められた。エピクロスは、エピクロス流の自然学（ほとんどの点においてデモクリトスの自然学を引き継いでいる）を通俗化させ、普及させたのだが、この自然学のみがその道徳論に十全な論拠を与えうるものになっている。

エピクロスの自然学は、近代的な意味での実証的科学とは関係がない。その自然学の言説は、《イデア》や《善》や《精神》その他あらゆる形態における《それ自体》的なものを排除したうえで、実在界の全体と細部とを構築することを本質とする。その目的は、人間をあらゆる迷信とあらゆる恐れから解放することである。エピクロスの自然学は《自然》を内在的全体性としてとらえる。すなわち、自然的実在とその諸法則はすべて、純然たる物質的存在なのである。

実在はたえずその姿を変えていくものではあるが、無から生じ、無へと消失していくものではない。

それゆえ、まさしく実在とは原子（アトム、不可視で分割不可能な物質要素）と真空（運動と、諸形態がある形態から別の形態へと移行していくこととの条件）によって構成されたものにほかならない。身体〔物体〕、魂（これは身体のうちにあるもうひとつの身体にすぎない）、神々（きわめて微細な物質からなる構成物）といったものは、偶然に結びついてできた諸々のアトムの集積物なのである。さまざまなアトム自体は「死」を免れており、集積の塊がばらばらになってもまた次に別な仕方で再構成される。

さて、もしここでかの有名なクリナーメン――傾き、垂直にたいする偏差――が介入してこないとしたら、諸々の原子は互いに平行な雨として等速に垂直落下しつづけるばかりで、決して互いに接触することがなく、そして決して物体を構成することもないであろう。したがって、クリナーメンこそが、呵責ない必然性のうちに偶然性を導入するのである。そしてこの偶然性が一種の「自由」（あらゆる生ける存在者が、つまり馬と同様にして人間も、物質の抵抗にさからって動くことをなしうる、という意味において）を許容するのである。

このエピクロスの唯物論は、ひとつの形而上学的ニヒリズムである。すべての根底に存するのは、《存在》でもなければ《精神》でもなく、ただひとえに元素物質だけであり、無秩序だけであり、無意味だけである。人間などというものは、そのものとしては存在していないのだ。

こうしたすべてを知ることで、われわれはなにを得るのだろうか？　仮象・錯覚でしかない恐れや説明から、自分を解放する可能性、それのみである。みずからをポジティヴに導くために必要なことは、ひとつしかない。すなわち、生けるものは快において満足を見出し、苦を回避する、という事実である。だが、それならなぜ、無分別な者や無知な者たちは、刹那《せつな》的な享楽だけで十分であると思い込んでいることで、結局自分を不幸におちいらせてしまうのだろうか？　快の感情はひとを欺くのだろうか？

そうではない。享楽は唯一の実在である身体・物体に属している（「あらゆる善の原理であり根であるもの、それは胃の満足である」）。「善」と「悪」とは、われわれの諸感情の動きに対応してレッテル貼りをする言葉以外のものではない。しかし、知恵なしには、われわれは見かけの下で作動しているプロセスを知ることができぬままとなり、そしてそのことが苦を産み出すこととなる。ただ賢者のみが、われわれを治癒する次の「四種の薬」を識《し》っている。

(1) 神々を恐れるにはあたらない。なぜなら、実在のすべては原子の運動としてことごとく説明されうるからである（たとえば日蝕〔にっしょく〕は、神々の振る舞いによる悪しき予兆などではない）。人生のあとには、善人にたいする報酬もなければ、悪人にたいする応報の罰もない。まさに神々にたいする信仰こそが——それこそがほんとうは不敬虔なのだ！——人間たちを怖がりにし、不幸にするのである。

(2)「死」はなんでもないものである。なぜなら、死は実在を測定するものである感覚を廃棄するからだ。「われわれが現実存在するあいだは、死は存在しない（……）、死が存在するとき、われわれはもはや存在していない」（『メノイケウス宛ての書簡』）。死への恐れはしたがってなんでもない無に依拠するものであるが、しかしそれがわれわれの生に毒を盛っている。賢者は、自分がいずれ消滅しなければならないからといって、生まれてきたことを遺憾に思ったりはしない。賢者は生きる。まったくシンプルに、死をもとめることなく、そして死を避けることもなく。

(3) ある苦がわれわれの能力を越えてしまっている場合には、いずれそれは感じられなくなっていくから、したがってひとは苦に耐えることができる。

(4) 幸福は容易に得られる。自然的で必然的な快（食べること、飲むこと）のみで足ることを知り、自然的だが必然的ではない快（贅沢な料理、愛欲の快）や、自然的でも必然的でもない快（富、名誉）を退けるならば。

　実践的には、自己自身だけで自足し、そしてわずかのもので満足することが、必要なのである。節制はまさしく賢者の徳である。節制こそが、幸福への鍵である無動揺の境地、アタラクシア（平静）へと到達させてくれる。

2　ストア派――キティオンのゼノン（紀元前三三二〜二六二年）にはじまり、クレアンテス、セネカ、エピクテトスらを経てマルクス・アウレリウス（紀元後一二一〜一八〇年）にいたる、およそ六世紀の長い期間にもわたる思想潮流が、ストア（アテネの柱廊《ストア》から由来する）という統一名称のもとでまとめられていることは、ひとつの典型的な態度がそうした人物からの根底で流れつながれていることを表わしている。哲学者たること、それはなによりもまず、どのような種類の人間でありたいのかという、最初の決定的な選択をなすことである。そこから、すべてはつながっていく。哲学はひとつの卵にたとえられる。殻は論理学。白身は道徳。黄身が自然学だ。
　ストア派の根本発想とはすなわち、《自然》が実在の全体であり、そして《自然》のうちであらゆるものは《同一なるもの》へと永遠に回帰する、というものだ。この《同一なるもの》こそは世界の《生命》なのであり、すべての要素は普遍的親和力によってそこへと結びつけられている。原因と結果とがいかなる裂け目もなしに連鎖していくのである以上、この世界の法則＝掟は、《運命》である。

　このようなストア派の自然学は同様に神学でもある。というのは、すべては《同一なるもの》であるというのならば、神々についての言説は《自然》についての言説と等しいことになるからだ。なのでクレアンテスのような人物がすばらしいゼウス讃歌を残したからといってそれを誤解してはならない。なるほど、ひとはそこにユダヤ－キリスト教的一神教の《神》を認めたくなるかもしれない。しかしストア派の《神》とは宇宙のうちで現在している神的なものの総体のことであり、ひとりの誰かなのではない。ひとが《必然性》と呼ぶにせよ、《ロゴス》（理解可能性の原理）ないしは《プネウマ》（生命原因）と呼ぶにせよ、生起するものすべてがしたがっているのは《自然》の普遍的法則であり、それがすなわち《運命》、そして《摂理》なのである。

人間は他の自然的存在と同列の一存在者にすぎない。ただひとつの違いは、人間が唯一、理性的な死すべき生きものであるということである。なぜかといえば、人間の魂は普遍的《ロゴス》のひとつのかけらであるからだ。人間のこのロゴス的性格のゆえにストア主義者たちは関係の論理学を構築展開したが、この論理学はずっとのちに現代になって再発見され、大きな関心を集めることになる。

《おおいなる全体》のうちでの人間の身分が、人間の行動規範を定める。すなわち、《自然》に調和するよう、《自然》との完全な一致において生きる、ということだ。世界の一部分であるものとして、《ロゴス》によって統《す》べられた人間は、《運命》によって統べられた世界において、一致を産み出すべく行為するのでなければならない。なぜあるがままの世界をそのまま欲し、世界を変えようとは意志しないのか？　なぜなら、世界はそのまま神的なものだからである。神がその平静〔無感動〕によって特徴づけられるのと同じように、賢者はみずからのうちに平静を実現しなければならない。それが、アパテイアである。《自然》との一致は幸福を産み出す。なぜなら、一致は理性の統御のもとでの生と人格との統一を実現するからであり、理性そのものも《自然》と調和するからだ。この意味において、人間が《自然》を完成するのだ。

しかし、ストア派は、だからといって宿命論〔この世のすべてはあらかじめ定められているとし、自由意志や偶然といったものを認めない思想立場」なのではまったくない。もし《運命》がわれわれには依存せず、どうすることもできないものであるとしても、しかしそれに同意したりそれを拒絶したりするのはわれわれにほかならない。《自然》から生まれ《自然》へと還っていくということ——ひとはそれを「死ぬこと」と呼ぶ——は、われわれにはどうすることもできない。エピクテトスのように奴隷であることも、マルクス・アウレリウスのように皇帝であることも、われわれはどうすることもできない。だが、われわれ次第であること、それは、われわれにはどうにもできないことからわれわれがなにをなすのかである。ストア派はここで、ひとつの絶対的な自由、無条件的な自由を肯定する。われわれは風を吹かせることはできないが、しかしうまくいけば吹く風を自分たちの帆でうけて利用することができるように、われわれはみずからの死を気遣うことを回避でき、みずからの身体を虐げ殺すものを無視することができる。賢者は嘆くことなしに死を選ぶことができる。皇帝ネロが斬首を宣告したときにはみずから頭を垂れ、そして、死刑執行人が撃ちそこねたときには、もう一度頭を垂れてやることができる。この世のいかなる力も、間違った主張への同意を賢者に強いることはできない。賢者がそれを欲さないならば。

ストア主義は、まさしく徳の訓練競技である。徳が《善》であるのは、徳が力だからである。それが、あらゆる徳が結局はひとつのものであることの理由である。善くあること、誠実であること、美しさ、自由、親切さ、学者たること、僧侶たること、預言者たること、神的であること。これらはすべてひとつのことなのだ。これと対応して、悪徳とは弱さである。誤った行為に段階や程度というものはない。ひとは足の半分ほどの水のなかでも、底なしの深淵に落ちるのと同じように溺れ死ぬのだ。あらゆる意志の過失は、ひとつの悪である。

徳が賢者に用意してくれる報酬はほかにはなにがあるのだろうか？　なにもない。天上の国などというものはないし、死後の生というものもない。賢者とは、足るを知る者のことである。完全な調和を獲得したならば、賢者は幸福となる。もしこの試みがあまりに困難だと思われるとしても、少なくともひとは賢者を模範とし、有徳的行為を義務とみなし、そしてそうすることで賢者の知恵を模倣する術を得ることはできるのである。

第二章　哲学とキリスト教――中世哲学

キリスト教が絶対的なもの〔唯一絶対なる神〕を導入したことによって、古代の世界観は一変した。キリスト教はたしかに哲学ではない。しかし、それは哲学の所与《データ》、主題、機能を深く変えることになった。

新しい関係――キリスト教はそれ以前に存在した諸宗教のなかにおさまるものなどではなかった。それは宗教の領域を変容させ、それまで宗教が哲学にたいして保ってきた関係を変容させたのである。キリスト教信仰は、たとえそれがどんなひとびとであろうとも、すべてのひとびとへと向けられたものであり、哲学者たちにすら向けられた。そのため哲学者たちは、もはや意のままに自説を振りかざすことができなくなってしまった。

両者の対決は、次の三種類のかたちで〔キリスト教の側から〕あれこれと際立たせられ、数世紀にわたって繰り広げられることになる。

(1) 哲学は時代遅れの、取るに足らないものでしかない。それでも哲学が存続するとすれば、それは自然についての知恵としてのみである。

(2) 哲学は真の宗教と同一の真理を探求するのだが、しかし哲学は信仰を理性的な言葉で表現するものである。《神の御言葉《みことば》》のうちに根を下ろさなければ、理性が確実さを獲得することは決してできない。

(3) 哲学は、神学者が必要とする概念的道具立てや論理形式を供給することによって、神学者の侍女となる。

新しい主題——キリスト教は固有の主題をもっているが、その主題は公的な〔学問の〕領域においても考察されるようになっていく。それらは哲学者たちにとらえ直されることによって、哲学的な仕方で練り上げられ、変容されることになる。

第一に、唯一絶対の神という主題が挙げられる。この神は人格的主体であり、創造主、理性、至高の存在者、知恵、全能である。神についての議論（その本性や実在に関する議論など）は、それを肯定するにせよ否定するにせよ、哲学において最大の重要性をもつようになったのだ。

それと対をなすかたちで、《自然》という近代的な概念が構成されていくことになろう。先在するいかなる素材もなく、無から創造された自然は、もはや神的なものや聖なるものではまったくない。こうして人間は、自然を利用し自由に支配することができるようになるのである。さらに、自然は知性的で思慮深い存在者によって生み出されたのだから、諸々の法則にしたがっているはずであり、その法則を人間も知ることができるであろう、と考えられるようになっていく。

最後に、神の似姿として創造された人間は、もはや追放されたさまよえる魂でも、原子《アトム》の暫定的な集合体でも、生の表出でもない。それは個別的に救済されるかどうかが問題となる、単独の人格である。そして復活が約束された身体は、（プラトン主義に由来する抵抗に逆らって）これまでにない尊厳を手に入れる。人間の平等の原理（だれもが同じ父なる神の子であり、キリストの兄弟である）は、徐々に力を増して確実になっていくだろう。また、《宿命》および循環する時間〔という古代の考え〕から解放されることによって、人間は歴史をもつ存在者として現われる。人間は意味＝方向（sens）をもち、方向づけられた時間のなかで生きるのである。そして自由が〔人間の〕行為の鍵となる。〔自由な行為の結果こそが〕〔神に〕救われるのか破滅するのかを決定するのである。

こうして、カードが切り直された。あとに続くすべての哲学は、たとえそれがキリスト教と対立するものだとしても、キリスト教からのインスピレーションを受け取ることになろう。

I　聖アウグスティヌス

聖アウグスティヌス（三五四〜四三〇年）は、北アフリカの生まれ。修辞学の教師であり、恋多き者でもあったアウグスティヌスは、情熱的な改心を経て、ヒッポの司祭となる。彼は古代ギリシア哲学の変わらぬ重要性を確固たるものとすることによって、キリスト教文化の構築に大きく貢献した。

1　内的な歩み――聖アウグスティヌスは理論家ではない。彼にとって、あらゆる研究は霊的な歩みの一部であり、実存的な性格をもつものである。彼が書いた『告白』はひとつの文学ジャンル〔「告白文学」〕を生み出すことにもなった。その高い評価は今後も失われることはないであろう。

アウグスティヌスはそこで自分がなににについて語るべきかを知っていた。彼はあらゆる欲望の葛藤、あらゆる啓示、あらゆる教義を知っていたのではなかっただろうか？　彼は、自分だけの力に身をゆだねる人間はどこにも到達しない、ということの生きた証拠である。それを獲得すれば幸福になるような

《至高の善》を絶えず探しもとめさすらいつつも、彼が見いだしたのは断絶、不満足、不幸のみであった。さまざまな仮象のもとに、すなわちさまざまな名前や形態のもとに彼が漠然と探しもとめていたものとは、神でなかったらなんだというのだろうか。しかし彼はそれをあとから知ることしかできない（神は言う。「もしお前がすでに私を見いだしていなかったとしたら、お前は私をもとめることはなかったであろう」）。

人間は改心しない限り、神および自分自身の外にとどまったままである。そのような人間は本来手段でしかないものを目的とみなし、出口のない状態にある。神を知らないことによって、自分自身をも知ることができないのである。神――ひとがそれ自体のために〔なにかの手段ではなく目的として〕欲望することのできる唯一の存在者――を見出すことによってこそ、人間は自分自身を発見し、自分自身の目的に到達する。それゆえ最も遠く隔たった存在である神は、われわれ自身にとって最も内密なものでもあるのだ。神を知ることとは、自分自身を知ることであるが、自分自身を知るためには神を経由しなければならない。これが、改心の論理である。そしてこうした理由から、記憶が決定的な役割を果たすことになる。それは心理学的な意味での記憶、つまり個々の思い出としての記憶ではなく、現在の記憶であって、天啓である。神を想起すること、それは「忘却」されていた現在に到達することである。しかし、忘却は記憶のうちに住まう。人間がそれを認めながらも埋もれさせているものとは、神と、そして同時に神の似姿としての自己なのである。

2　信仰の知解可能性――聖書はかけがえのない真理の源泉であり、理性が啓示にとって代わることなど明らかに不可能である。「信仰がなければあなたは理解できない」のである。とはいえ、理性がなければ、つまり自分だけの力に切り詰められてしまい、失敗と疑いばかりを生み出す理性ではあっても、それがなければ、どのようにしてひとは信じている事柄を知ることができるのだろうか。信仰と理性はともに神に由来する。しかし原罪が人間と神の特別な関係を断絶してしまったがゆえに、理性はもはや本当の意味での理性ではないのである。信仰の助けがあって、はじめて理性は自分自身に戻ることができるのだ。

信仰とはなんだろうか。それはあいまいな心のなかの信念などではなく、同意をともなった思考である。ひとびとの証言〔聖書〕に結びついている信仰は、不完全な認識でしかない。それは理性のように証明をすることはできない。結局のところ、信仰とは一時的な支えにすぎないのである。われわれが神を見るとき、もはや信じているのではない。われわれは知っているのである。要するに、〔神を〕信じなければならないのだが、しかしそれは〔神を〕理解するためなのだ。たしかに哲学は聖書とは異なり、三つの位格《ペルソナ》をもつ一者という神の神秘をわれわれに明かすことはできない。しかし哲学がひとたびそのことを知るならば、いたるところに三位一体のイメージを見いだすことができる。そのとき真理はわれわれにとって見知らぬものではなくなり、われわれの世界は真理で照らされることとなる。

3　世界における人間の存在――神の似姿として創造された人間は、もはや〔ヘラクレイトス的な〕生成や〔プロティノス的な〕流出によって生まれたものとみなすことはできない。また人間は、非被造的な物質としての身体のうちに、イデア的魂が墜落して生まれたものだとみなすことも、もはやできない。宇宙の循環から解放された人間の生は、歴史的時間のなかにいる単独の実存者の歩みである。悪とは、もはや《悪の原理》に属するもの〔マニ教〕でもなく、不可避的な悲劇的結末〔《宿命》〕でもなく、物質の存在としての下等性から必然的に生じるもの〔プラトン〕でもない。それは罪である。

罪とはなにか。それは、人間の自由が神の恵みを拒絶することだ。人間の自由は、堕罪をみずから引き起こしたにもかかわらず、その状況から自力で抜け出せると思っている。これこそが罪である。しかしながら、自由が悪をおこなうとすれば、だったらなぜ神は自由な人間を創造したのだろうか。それについての決定的な説明を提示するとまでは言わないが、それでも聖アウグスティヌスは次のように答えている。罪人でありかつ赦された人間は、悪の危険を犯して善を選びとることのできない自然のままに無垢なる人間よりも、よりよい存在である、と。最終的に、われわれにキリストのような救世主をもたらした原罪は、「幸いなる罪」とされる。

罪、赦し、救いというリズムをもつこの歩みは歴史神学の構造を形成し、のちの歴史哲学の母胎となる。世界の歴史とは、非時間的なものである循環〔ぐるぐると反復するものは、線的に進む「時間」ではない〕の場所ではなく、《神の国》〔ついには自己を軽蔑するまでにいたる神への愛の国〕と《地上の国》〔ついには神を軽蔑するまでにいたる自己愛の国〕とのあいだで交わされる果てしない戦いである。この二つの《国》は、《天上のイデア界》と《下方世界》、あるいは未来と現在のように対立したものではない。二つの国はすでに存在しており、神が両者を区別する時間の終わりが到来するまで、解きがたくもつれ合っている。こうして、人間の理想的状態は〔古代ギリシアにおいてそう考えられたように〕ポリスのうちにあるのではないことになる。人間が救われるのは神においてであり、他のどこでもないのである。

カンタベリーの聖アンセルムス〔一〇三四〜一一〇九年〕は、存在論的証明〔カントによる命名〕を定式化することにより、信仰の知解可能性というテーマを見事に説明した。それは絶対者を探求する思考〔思惟〕にとっての根本的な試練である。

『プロスロギオン』において、アンセルムスは心のなかで「神は存在しない」と言った愚か者〔『詩編』

第十四篇〕の事例を検討している。ここにおいては、信仰へと訴えることなく、神の存在についての合理的な論証が問題とされている。

アンセルムスは単純に次のように問う。それより偉大なものはなにも考えられえないようなものは、ただ知性のなかだけに存在するか、あるいは現実のなかにも存在するかである。しかるに、もしそれがただ知性のなかだけに存在すると仮定するならば、それよりもより偉大ななにかを考えることができるということになろう。なぜなら、そのようなものは知性のなかと同時に現実のなかにも存在するからである。したがって最も偉大なものは、必然的に、知性において、かつ、現実において考えられなければならない〔「最も偉大なもの」はただ頭のなかで考えられるだけはなく、実在しなければならない。なぜなら実在しなければそれは「最も偉大なもの」とは言えないからである、ということ〕。

この推論が意味するのは、必然的に存在するもの、つまり「最も偉大なもの」の実在的な思考〔頭のなかで考えられるのと同時に、実在しなければ自己矛盾に陥るような、つまり必然的に存在しなければならない「最も偉大なもの」という観念〕に到達しない限り、ひとはみずからが考えるものより、つねに「より偉大なもの」を考えることができる、ということだ。さもなければ、思考は存在とはかかわりをもたないことになり、本当の思考ではなくなってしまうことだろう。

〔論理的な〕証明のポイントはまさしく次の点にある。神は存在しないと考えることができたことを理由に、神は存在しないと断定することは、思考にとって不可能である〔『プロスロギオン』第三章〕。神は存在しないと言うことはできる。だが、もしあなたがほんとうに神について考えているとするならば、神は存在しないと考えることはできないのである。

現実存在と思考を分離することの不可能性が、「存在論的証明」を、思考の重要な存在論的試金石とする（デカルトのコギトにおいてもこれは同様であろう）。「最も偉大なもの」という観念は、思考可能なものと思考不可能なもの、本質と存在、観念の理想と観念、存在と思考が重なり合う限界点だ。それゆえヘーゲルが言うように、哲学とは最終的には、最後まで展開された存在論的証明にほかならないのだ。

アウグスティヌス主義の伝統は豊かで実り多い。その系列に位置する聖ボナヴェントゥラ（一二二一～一二七四年）は、知の統一原理という考えを養いつづけることになろう。知の統一原理という考えは、さまざまな領域における数多くの学説（デカルト、ライプニッツ、ヘーゲル）のうちに見いだすことができる。哲学的なものであれ非哲学的なものであれ、じつに多くの著作が、実存する主体の思考・実践・内面性の統一という主題を扱うことになろう。また、ドゥンス・スコトゥス（一二七四～一三〇八年）が提出したさまざまなテーゼも後世に大きな影響を及ぼし、現代でもそのアクチュアリティは保たれている。たとえば、各個体の単独性の形相についてのテーゼ。また、神にたいしてさえ同意あるいは拒絶する、「然《しか》り」あるいは「否《いな》」と言うことができる根源的な能力としての自由についてのテーゼなどである。宗教改革の偉大な冒険、そしてより控えめなものだが、ジャンセニスム〔十七世紀のキリスト教思想の一派で、パスカルに影響〕のそれも、アウグスティヌス主義から多くを負っていることを忘れてはならない。

Ⅱ　聖トマス・アクィナス

聖トマス・アクィナス（一二二五～一二七四年）は、ドミニコ会士であり、アルベルトゥス・マグヌス（キリスト教思想においてアリストテレス主義の口火を切った）に師事した。トマスは、アウグスティヌス主義と競合する、もうひとつの偉大な伝統〔アリストテレス－トマス主義〕の起源である。この伝統は、まずはひとつの躓《スキャンダル》きとして現われた。困難は些細なものではなかった。まず、アリストテレスはプラトンよりも異教的で、キリスト教の「洗礼をする」〔キリスト教化する〕のがより困難とみなされていた。くわえて、アリストテレスはキリスト教とはなじみのない哲学者たち（アラブ人のアヴィケンナとアヴェロエス、ユダヤ人のマイモニデスなど）によって東方世界に伝承されていたので、キリスト教の新たな所与に照らして再解釈されねばならなかったのだ。聖トマスの方法とテーゼは世俗化され、しばしば改変され、ときには歪曲されるなどしながら、近代哲学が育つための土壌形成に大きく貢献することとなった。

1　侍女-主人としての哲学

――聖トマスの大著といえばたしかに『神学大全』である。そこにおいては、哲学は依然として信仰に奉仕する理性的考察であるように見える（哲学は神から出発し、人間と道徳を経て、イエス・キリストと救済によって終結する）。しかし聖トマスについては、彼こそが最初の近代哲学者であるとも言うことができる。

プラトン主義に強い影響を受けた聖アウグスティヌスにとっては、創造された世界は存在の諸段階からなる階層秩序のうちに含みこまれており、世界を照明する〔解明する〕ことができるのは、神の光〔としてのイデア〕のみだった。それゆえ、哲学的理性が働くための領域は残されていないのである。それとは反対に、ロゴスとピュシス（自然）との共本性性に関するアリストテレスの教えを受け入れた聖トマスにとっては、世界を解明するために哲学的理性が働くべき領域が存在する。

たしかに、神がみずから生み出したもののなかで自己矛盾におちいることはありえないし、信仰の神と理性の神は同一のものである。しかしながら、被造物はそれ自体で、自律したものとして考察されるべきである。神は人間を自分の似姿として、つまり理性的で自由なものとして創造した。そして人間にたいしては、《自然》を〔理性的な神の〕王国として与えた。つまり、《自然》とは諸々の必然的な法則によって支配された国なのである。それゆえ、諸々の原理や固有の法則にしたがっている自然理性〔人間が備えているもの〕も、経験や実験によって《自然》を認識することができることになる。こうして哲学は固有の領域をもつことになり、信仰に頼らずに自己完結しうるものとなる。その結果、哲学はスコラ哲学となる。それは教育によって受け継がれ、さまざまな討論の争点となっていく。中世ヨーロッパの知的生活はスコラ哲学によって深く特徴づけられるのである。

2 存在者と本質――実在についてのわれわれの探求は、与えられた存在者についての最初の直観から始まる。

それでは、この存在者とはなんだろうか。それは存在するもの、および存在しうるものすべてである。というのは、実在的あるいは可能的なものはすべて思考可能なものだからである。しかし存在するすべてのものが同一のものに帰着するわけではない。存在は類ではないのである。とはいえ、本性の異なるさまざまな存在者であっても、類比〔アナロギア〕によって、つまり関係の同一性（たとえば、犬の知性と犬の本性との関係は、人間の知性と人間の本性との関係、および神の知性と神の本性との関係に等しい）によって理解し、認識することができる〔トマスによる「存在の類比」についての学説〕。

しかし、存在者が真に存在者であるためには、さらに本質が現実に存在するのでなければならない。存在とは、もうひとつの本質、あるいは上位の本質というようなものではない。むしろ本質の現実態である。存在という現実態のおかげで、存在者は真に実在的なものとなるのである。とはいえ、本質の外部に裸の存在そのものがあるわけではない。トマスによれば「存在という現実態は、それを欠いているものによって種別化される」、つまり存在は本質によって差異化されるのである。要するに、あらゆる存在者はみなみずからの固有の存在にたいして、つまり、みずからの本質の現実態にたいして、ある特別な関係をもっているのだ。

この存在についての学説は創造の学説に結びついている。創造者たる神は存在するものであり、《ペルソナ》であって、《観念》、《原理》、《実体》などではない。それゆえ、神はア・プリオリに演繹されうるものではない。つまり、存在する神は否定されることもできるのであって、あらゆる精神に直接的かつ必然的に認められる純粋な証拠をもつようなものではない。こうした理由で、神の実在はア・ポステリオリな合理的証明の対象とならざるをえないのである。

聖トマスは五つの道にしたがった神の存在証明を提示している。つまり五つの出発点と到達点をもつ、五つの行程である。出発点は、運動、作用因、偶然性、存在の段階、世界の秩序である。(「神が存在することは五つの道によって証明されることができる」『神学大全』第一巻第二問三項主文、『真理論』第十問十二項)

そのつど、思考はしっかりと証拠だてられた所与を認め、次いでその起源を探求する。こうして思考は、それなしには最初の所与が存在しないような第一原理の定立を強いられるにいたるのである。これは世界の始まりの問題ではない。たとえ世界が永遠であっても、あるいはまだ始まっていなかったとしても、それでも世界はつねに働いている起源を要求しつづけるのである。

3 実存する個人としての人間——特別な被造物である人間の本性を理解するために、聖トマスは、

身体の形相としての魂というアリストテレスの学説をとらえなおした。魂のない身体(形相をもたない質

料〕は存在せず、魂は身体の組織と生命の原理である。こうしてトマスが示したのは、人間は世界のなかにおける異質なものではなく、物体的な世界と霊的な世界を分かつ水平線のうえに〔つまり、両方の世界に〕位置づけられている、ということである。

しかし、この理論には困難がともなう。魂の頂点にあるもの〔能動知性〕が万人に共通であり、それゆえ非人格的であり、ただそれだけが不死であるという厭《いと》わしい結論をさけるためにはどうしたらよいだろうか。他方で、もし個々人に固有の魂＝形相を認めるならば、人間の本質の一性を破壊してしまうことになろう。聖トマス〔および、ときに意見の相違をもつトマス主義者たち〕が避けることを試みたのは、個体化が質料との複合によってなされるということである。これは、思考は魂のみに属するのではなく、人間全体に属することを明らかにするという利点がある。人間の思考の働きは、所与を獲得し、そこから観念を抽出して取り出すために、身体〔受肉〕を必要とするのである。

あらゆる存在はその目的を希求する。人間の目的は神であり、《至高の善》であり《至福》である。個々の有限な善は人間を満足させることはない。われわれの自由は、神と有限とのあいだのずれのうちにある。われわれの究極の目的は選択の対象たりえない〔われわれは自分の究極の目的を選択することはできない〕。なぜならそれはわれわれの存在を構成するものであり、われわれの欲望がそこへと向かうものだから。しかし、究極の目的にいたるための手段は選択の対象となる。究極の目的とそれにいたるための手段のあいだでつねに生じる不一致のうちに、あるいは、この究極の目的と、それ以外の二次的な善〔目標〕を混同することのうちに、悪はひそんでいる。それゆえ、悪はひとつの実在そのものとして存在するのではない。それは《善》の否定であり、より劣った善である。悪は完全に人間に依存するものとなる。こうして人間は、自身がみずからの救済に責任をもつことを知るのである。

第三章　領土拡大する理性――デカルトとデカルト以後

I　デカルト

デカルト（一五九六～一六五〇年）を、一六一九年十一月十一日の夜、霊感がおそった。「驚くべき学の基礎」を開き示すこの途方もない啓示によって深く撃《う》たれたデカルトは、以後、人生を研究と瞑想とにささげることになる。イエズス会のラ・フレーシュ学院で学び、オラニエ公マウリッツの軍で士官を務めたこの人物は、そののちに、閑静さをもとめてオランダに移住。数学（デカルトは解析幾何学の創始者である）および光学（屈折の法則を発見、双曲線作図器を発明）の分野で大きな仕事をし、動物の解剖学にも関心をよせた。ときの最良の知性たち（メルセンヌ、ホイヘンスなど）と交流し、意見をかわした。そして、あらゆる領域において理性に凱歌をあげさせるための、方法を整備したのだ。

デカルトはひとつのきわめて決定的な断絶をしるした人物である。だから、デカルト以前とデカルト以後といわれるほどなのだ。自身が望んだような自然科学上の非常に大きな仕事はできなかったにせよ、やはり、デカルトこそが実証的近代科学を現実に可能にするための諸条件の基礎を確立した人であった。デカルトの〔科〕学は、われわれ現代人の世界観の型となっている。そしてそのわれわれはといえば、科学・技術的合理性というものにとり憑《つ》かれているわけなのだが。

1　新たな出発――よく知られているように、デカルトの企ては懐疑によって開始される。でもそれはどういう懐疑なのか。感覚印象への疑い、慣習・慣行への疑い、先入見への疑い、そのようなものなら、ぜんぜん目新しくもない。デカルトのオリジナリティは、まさに懐疑を不可懐疑的なものを発見するためのひとつの方法となしたことにある。

その方法の定式化は、きわめて単純。ときどき疑わしいものは、つねに疑わしいのであるかのようにみなすべし。そして、それだけで十分。この「誇張的」懐疑という過剰な振る舞いは、一種の焦土作戦に等しい。この誇張的吟味の試練に抵抗し耐え抜くことができるものは、疑いの余地なく真であることになろう。そしてそれが、あらたな建築の基礎を置くべき礎石《そせき》となるであろう。

まさにこうして、ルネサンスという時代が遺産として残した、雑然としたガラクタの山からようやくきれいさっぱり縁を切ることになるだけでなく、さらにより全般的にいえば、人間精神の幼年状態からひとは脱することになる。以後、真理はただ明証によってのみ測り知られることとなり、そして理性は理性自身にたいしてのみ説明責任を負うのである。

なにもかもが懐疑のふるいにかけられていく〔以下、『第一省察』の論内容〕。さまざまな感覚、夢、意見。たしかにこれらは疑わしい。次いで、純粋な形態・大きさ等々といったカテゴリー、つまり数学的諸真理もまた、絶対確実に現実存在しているかどうかはわからない。それでも、正方形が四つの辺をもつとか、「二足す三は五」というようなことなら、懐疑の対象からは外れるだろうか。いやそもそも、こうした諸真理がまったく有効で妥当なものであると誰かが証明してくれただろうか？　数学的諸真理はある瞬間と別の瞬間とで変わってしまうことはないのか？　ひとりの全能なる神がわれわれを創造するさいに、なににも対応しないような表象ばかりを意識のうちにもっているような存在としてわれわれを創造したというようなことがないと、確信できるだろうか？　あるいは、なにか狡猾《こうかつ》で強大な力をもった《悪しき霊《マラン・ジエニ》》〔『第一省察』終盤で言及されるもの。次の『第二省察』前半でのコギト発見へと論をつなぐ重要な鍵〕が、われわれを欺きもてあそんでいるということはないのか？　真理の真理性、意味の意味、理性の理性性というような〔真理・意味・理性を裏づける〕ものは、はたして存在しているのか？

だが、懐疑はみずからのための解毒剤を、みずから分泌する。どういうことか。私が疑い、欺かれ、すべてが虚偽であるのだとしても、しかしそうしたすべてのことは私が思考〔思惟〕していることなのであり、そして私がそれらを思考するためには私は存在しているのでなければならないのである（『方法序説』第四部「私は思考する、ゆえに私は存在する」(Je pense, donc je suis)）。思考そのものについては、思考がなにを思考するのであれ、私は疑うことができない。というのも、懐疑を遂行することそれ自体が、思考を必要とするからである。思考を排除しようとするときにおいてさえ、私はなおやはり思考せざるをえない。だから、私が思考する限りにおいて、私は存在するのである。

2　思考する主体――《私は思考する》（コギト）は、思考そのものとは別の外的な原理に依拠した、論理学的な推論ではない。《私は思考する》は、私が思考する主体としての自己としてなすところの経験なのである（思考は、私というものから分離されえない唯一の属性である：『第二省察』）。この経験は、現実存在するものの経験である。思考するためには、存在《エートル》し、現実存在《エグジステ》しなければならない。なるほど私が現実存在するのは、ただ思考する存在者（レス・コギタンス）という資格においてのみだが、しかし逆にいうと、そのことだけで私が全幅に現実存在するのに十分なのである（他の残りのことは、なお懐疑の対象となっているわけだが、必然的に必要なものではないのである）。最後に、《私は思考していると私は思考している》という事態に表われているように——これは自己自身をみずから反省するということができないすべてのものから私を区別する契機である——、コギトは、反省性をそなえている。思考する主体とはまさしくひとつの意識であり、意識とはつまり自己意識なのである。

真理の基底をなす問題もまた、同時にここで解決される。あらゆる懐疑から護《まも》られて、絶対的な明証として姿を現わすコギトは、確実性と真理性との同一性を示し出すのである。そしてこの同一性は、最も明晰（精神にありありと現前していること）かつ最も判明（他のなにものとも混同されないこと）な観念という形式をとるのだ。

こうしてデカルトが実現した断絶のもつ射程の広さは、おわかりいただけるだろう。人間の決定的な一次的経験というのは、感覚的世界についての経験ではない（経験主義者たちはそう信じているのだが）。そうではなく、思考そのものの経験なのである。認識を基礎づけるために、われわれは論理学や言語の自称第一原理をもはや必要とはしない。必要なのはただ「コギト」のみ、哲学の「第一原理」へと昇格した「コギト」のみなのだ。したがって、懐疑というユニークなモデルが、明晰判明な観念の明証において現われる真理という、真理についてのユニークなモデルと対応しているのだ。

伝統にならい、遺産を活用し、同じ動きを継続していくことを本分としていた従来の哲学実践とは手を切って、デカルトの思考者は、既存のすべてのものを白紙に戻す。みずからの理性の力のみを武器として、すべてを新規に、端緒のスタート位置につけ直す。

3 均質な延長——こうしていまや、デカルトには〔科〕学を基礎づける準備が整った。哲学的観点

においては、問題の解決は天才的なシンプルさでなされる。すなわち、思考・主体・意識ではないあらゆるものは、すべてひっくるめて、延長する物体（レス・エクステンサ）に属するのだ、と。そして延長する物体とは、単純かつ普遍的な〔物理的〕諸法則にしたがっているものなのだ。

こんなテーゼを聴いたひとびとは、びっくりして飛びあがってしまう。学者たちは、「性質」や「徳」や「力」といったものを引き合いに出して反論するだろうし、素人たちの意見や世界観は、感覚的な現われにだけしか信頼を寄せないだろう。だがそれでも、たとえばわれわれが蜜蝋《みつろう》の一片を熱するときのことを、考えてみよう〔以下、『第二省察』後半での有名な「蜜蝋の分析」の説明〕。ハチの巣から取ってきた蜜蝋の色、香り、指でたたくと出る音。これらは実際に積極的な実在である。ところが、熱されると、それら諸性質はすべて変わってしまう。変わらずにとどまっているもの、そして唯一それのみが科学の対象であるところのもの、それが延長である。延長は感覚的経験においてとらえられることはできず、それを把握するには、精神の作用を必要とする。蜜蝋にかぎらず、どんな対象を考察してみても、その対象は実体としては同一の均質な延長によって構成されているのである。

ここでただちにわかるのは、思考は科学の対象とはならない、ということだ。思考は自然ではない（思考は延長ではない）というだけでなく、思考はまさしく優位に立っているのである。なぜなら、多様な形態の現われから延長という実体を引き出すのは、思考だからである。人間精神が特異で唯一のものである以上、科学も特異で唯一のものであることになろう。延長が特異で唯一のものである以上、科学の対象一般もこれまた特異で唯一であろう。この発想が、まさに近代実証科学の母型、マトリックスなのである。

感覚にたいして現われてくるものすべてを捨て去ることによってしか延長という存在を獲得すること

ができないのだから、科学は、対象的な実在すべてを科学の対象とできるわけではない。科学はじつに限定された領野で、実在の特定の様相にかんしてのみ働くのであり、そこにはさまざまな限界がある。

こうしたテーゼからの帰結は、膨大なものである。思考とは実体的に異質なものであるかぎりにおいて、身体は純然たる延長であり、全面的に科学的認識にゆだねられうるものである。生命は身体に属するものであり、動物はひとつの機械である——時計がそうであるような、ひとつのメカニズム——のだとふまえるならば、思考は生命から切り離されているということになる。

だがそれなら、どうやって諸対象間の差異を説明すればよいのか？ それは、空間的運動によってである（『哲学原理』§三六、三七）。空間的運動は、慣性法則と直線運動の法則、そして作用と反作用とは等しいという法則によって支配されている。

デカルトは、こうした学説が、人間存在の統一性（魂と身体との合一）を説明しようとするさいにはらむ困難を、完全に意識していた。この原則上の二元論を修正するために、デカルトがなんとか見出したのは、思考実体と延長実体とのじつに緊密な協働についてのわれわれの生ける体験へと、われわれをいま一度送り返すということであり、またそれ以外にはなかった（その協働があるのは少なくとも生命が続くかぎりにおいてである、というのも、思考実体の発見が含意するのは、魂の不死性だから）。松果腺《しょうかせん》（デカルトが魂と身体との接点であると考えた脳内器官）によって、二つの実体は互いに作用しあう。魂が松果腺をとおして身体に働きかけるとき、起こるのは行為《アクシオン》＝能動である。身体が魂に働きかけるとき、生じるのは情念《パシオン》＝受動である（『情念論』）。

4 神——どうすれば、いましがた展開してきた学知の真理性を保証することができるだろうか？

たしかに《私は思考する》は哲学の出発点ではあるけれども、それは厳密な意味では哲学の起源ではない。私の思考は私の存在を必要とする。だが、私の思考は私の存在の作者ではない。実際私は、私というものが必然的に現実存在するわけではない、ということを思考できるではないか。懐疑による徹底的吟味のなかにはらまれた、食い違い。この食い違いが、思考と存在との同一性がまさにその本質をなしているような、そういう存在者のほうを指し示す。それはすなわち、神である。神はまさに、私とは反対のものである。神においては、存在は思考に先行してあるのではない（私の場合もそうであるとすれば、私は神であることになり、そして、デカルトがふざけた調子で述べたように、私は自分をもっとましな存在としてつくりだすように気を配ったにちがいない……）。なるほどコギトは存在と思考との一致によって武装しているとはいえ、じつのところそれは準-一致、近似的一致にとどまるのであって、したがってコギトは、最終的には、神の暫定的代理物でしかない。いまや、真に真理を基礎づけるために、神を経由しなければならない。

ではどのようにして、神を発見するのか？〔以下、『第三省察』および『第五省察』での「神の存在証明」についての解説〕。

私は、私が無限《アンフィニ》および完全性についてもっている観念から出発することができる（『第三省察』）。私のうちにあるすべての観念と同様に、無限についての観念もまた、原因を必要とする。通常は、私は観念の原因を私の内部に見出すか、あるいは外的な事物のうちに見出すかのいずれかである。だが、無限の観念についてはどうだろうか？　無限の観念は、私のうちには原因をもちえない。私は有限で不完全な存在だからだ。それゆえ、無限の観念は無限で完全な原因へと、すなわち神へと送り返されることになる。無限の観念はしたがって、創造者（製作者）がその作品に刻印する署名である。この無限の観念があるからこそ、私は、私が有限で不完全な存在であると把握することが可能になるのである。

それとは別に、私は神の絶対的完全性から出発することもできる。つまり神の観念が私に開示している絶対的完全性から、ということである（『第五省察』における、いわゆる存在論的証明）。もしひとが神の現実存在を否定したとすると、神は神の観念が必然的に含意するような絶対的に完全な存在ではないということになろう。神においては、その現実存在は本質と不可分である。山が存在すれば必ず谷が存在するように、あるいは、三角形が存在すればその内角の和は一八〇度であるように。ただし、だからといって、ある特定のひとつの山が現実存在するかどうか、ある特定のひとつの三角形が現実存在するかどうかは、そうした本質からは帰結しないのであり、ただ内的連関が類似しているというだけのことにとどまる。神とは、本質のうちに現実存在がそのようにして含まれている、唯一の事例なのである（これが、なるほどこの証明において、想像力を使用することが必須ではあるのだが、しかし想像力をこの証明に賛成する根拠とはできない理由である）。

神におけるこの本質と現実存在との同一性が、神を世界の秩序の持続にかんする唯一可能な保証者となす。私は諸々の本質および諸々の現実存在の作者でもなければ主人でもない。神こそがそうなのである。したがって神は、諸々の永遠的真理の創造者でもある〔いわゆる「永遠真理創造説」。『省察』のなかでは明言されないが、その論を支えている根本発想だとみなされることが多い〕。なぜならば、仮にもしそうした諸真理が他の事物と同様に被造物であるのではないのだとすると、これら諸真理は神にたいしても押しつけられることになり、したがって神は全能ではない、ということになってしまうからだ。以上の考察から帰結するのは、もし私が二足す三を誤ることなく遂行できるとするならば、そしてもし私が世界の秩序を信頼することができるとするならば、それはまさしく、神が善なるものだからである。神は私を欺くことができたのであるが、でも神はそれを意志しなかったのだ。

くわえて、現実存在のそのつどの瞬間はそれぞれ先立つ瞬間から切り離されている以上、ある任意の瞬間に現実存在するからといって、次の瞬間にも現実存在するということは、帰結しないのである。創造とは過去の出来事なのではない。そのつどすべての瞬間に起こっていることなのだ。これが、連続創造説である〔この連続創造説によって補完されなければ、「コギト」もそのつど短い瞬間に成立しては消え去るバラバラで非連続なものでしかありえない、とされる〕。神の善性は、私を欺くことをさし控えるのみでなく、善性は継続するものであるということをもあわせて含意している。世界の諸法則を知る学者は、それゆえある仕方で、神がそれらの法則を創造したプロセスを追体験しているのだ。もちろん学者は事実上では誤ることがあるが（というのも、人間の自由は広大なものであるために、人間の知の範囲をはみ出すから）、それにかかわらず、学は権利上では保証されているのである。だから、もしそうしたひとりの神の現実存在が確立していなければ、なにも確実なものはないということになるのである（そして、デカルトは述べる、無神論者は確実な学をもちえない、と）。

5　デカルト的計画——哲学のデカルト的エンブレムは、ひとつの樹木である。その根は形而上学であり（伝統がそうみなしていたような、上部につく冠の位置ではない）、自然学が幹をなし、工学・医学・道徳学が枝となる。この哲学は理性の仕事であり、方法によって統べられている。

「良識」——あるいは「よく判断する力」——は、この世で最も公平に分け与えられているものであるから（『方法序説』冒頭）、真の学知と誤謬とをへだてるものは、良識を用いるための手続きと、その手続きを適用する意志であることになる。四つの格率（明証の格率、分析の格率、総合の格率、完全な枚挙の格率）が、発見術として機能する。明証性（複雑なものから単純なものへの還元を経た）、観念の明晰性と判明性、一つの鎖の輪も飛び越すことのない推論の幾何学的な厳密な連結（この「すべてが単純で容易な、諸理由の長い連鎖」……）、これらに依拠することによって、ひとは既知のものから未知のものへと段階的に前進していくであろう。ひとは実在を認識し、そして行為するために、実在を再構成することになるであろう。こうした知の合目的性は、思弁的なものではなく、実践的なものである。学と技術はわれわれに具体的な「生に役立つ」さまざまな善を提供し、われわれに健康を与え、そして地上の果実をたやすく享受させてくれるのである。われわれはついには「《自然》の主人、かつ所有者のように」（『方法序説』第四部）なるであろう。

ただ、知がなお完成をみていない限りにおいて、現在時の行為の緊急性に対応するためには、また《知恵》によって未来に先んじて備えるためには、われわれは「暫定的な」道徳に甘んじざるをえない（デカルトが薦めているのは、ひとはみずからの国の慣習・風習にしたがうのがよいということ、世界の秩序を変えようとするよりも自身の欲望を変えるようにすべきであるということ、そして、いったん一つの方向を選んだならば覚悟をきめて行動の方針をぶれさせないのがよいということ〔「森のなかの旅人の喩《たと》え」として有名〕、の三つである）。道徳の平面でさらに積極的に先へ進もうと思うなら、認識の力によってさまざまな情念を統御するということにいたる必要があるだろう（『情念論』）。その頂点においてひとが見出すのは、代表的なデカルト的な徳である《高邁さ《ジェネロジテ》》である。《高邁さ》は、賢者が自由意志に、神のような自由意志の境地にたどりついたときに、自分自身にたいして容認するような自己評価に存するものである。そうして人間は、ひとつの愛の躍動によって、他者たちとの関係を経ながら、神の意志を欲望することを許容されるまでの境地にのぼりうるのである。

デカルトは機械論的科学を軌道に乗せたのであったが、しかし機械論的科学という任務だけのために理性を狭く切り詰めてしまうことはなかった。だがじつに多くの数にのぼる彼の思想的後裔たちは、しばしばデカルトの意図に不忠実であり、彼のさまざまなテーゼのうち特定のものだけを受け継ぎ、残りのものを忘却するということになっていったのだった。

マルブランシュ（一六三八〜一七一五年）は、とりわけ、永遠真理創造説を極限にまで推しすすめた人物である。われわれが諸観念に到達するとき、真理を見ているのみでなく、われわれは「神において見ている」。というのも、まさに神においてあらゆる観念、あらゆる可能的実在の原型は存在しているのだからである。普遍的理性のほうへと方向転換＝回心することで、われわれは神の永遠的な《言葉》に参与することができるようになる（だから、注意《アトンシオン》はひとつの真なる「自然的な祈祷」なのだ）。そうして光に到達し、ひとは真の《秩序》を把握する。

次に、自然的「原因」は、結果の結果にほかならないことをわれわれは発見する。一個のビリヤードのボールが他のボールにぶつかったとしよう。ビリヤードのボールは真実にはもうひとつのボールが動くことの原因ではなく、ただその運動の機会であるにすぎない。魂が身体に働きかける、あるいは身体が魂に働きかける（この後者はきわめて昏《くら》く混乱した観念である）とひとが信じるとき、本当に働いているのは神なのであり、魂の変容と身体の運動とを機会として神が働きかけているのである〔「機会原因論」と呼ばれる〕。神のみが厳密な意味では、真に原因である。最も単純で普遍的な諸法則によって世界を統べる神のみが（これは全面的な完全性なのであり〔だからこの世に悪や不完全は原則的には存在しないと考えられるが〕、そこからの諸帰結の細部はわれわれにとっては悪であるように見えることもありうる、ということである）。

現実には、学は原因を知らず、ただ法則――諸々の関係――を知るのみである。神のおかげで、《真理》への上昇は《善》の探求とペアになる。そして、神を理解することができない代わりに、われわれは神を愛するのである。

II　パスカル

パスカル（一六二三〜一六六二年）ほど、デカルト主義にたいする逆向きのモチーフを巧みに提供してくれる人物は、ほかにはいないだろう。パスカルは合理主義＝理性主義にたいする敵対者であった。だが科学の敵対者ではない（周知のように、微分法、数学的帰納法、確率計算、実験物理学はいずれもパスカルに多くを負っている）。彼は哲学を激しく攻撃した。だが彼はあるひとつの別の仕方で哲学することのための道しるべを記した。つまりより人間的実存に密接に哲学することである。

1　人間の状況――パスカルはひとつの決定的事実から出発する。すなわち、人間的実存はひとつのドラマであり、このドラマは死と結びつけられている。虚《むな》しい風のうえに建てられた、観念のモニュメントは棄て去ろう。われわれを慰めるために死を否定するような偽の知恵は投げ捨てよう。死以上にリアルで恐ろしいものは、なにもない。死はどんな逃げ道も許さない。そしてわれわれにとって最も重要なことにおいてわれわれに迫ってくる。つまり、幸福か、それとも永遠の不幸か、ということにおいて（「われわれと、地獄または天国とのあいだに存在しているのは、この世で最も脆いものである生命だけである」――

B二一三：K三二）。[1]

（1）本書では、『パンセ』のブランシュヴィク版の断片番号を先に表示し、次に、大変興味深い順序づけを提案しているカプラン版の断片番号を表示している。

　真理を探究する代わりに、人間たちは、つかのまのものでしかない幸福をもとめて、この死という不可避のものを忘却することを好む。またさらに、明晰さと彼らが呼ぶものをほめたたえながらも、人間たちは死の確実さを知ろうと意志せず、それなのに他のことはなんでもこざかしく疑ってみせさえするのだ。理性は、無力なのだろうか？　しかし理性は必然性を欠いてはいない。あらゆる言葉を定義し、あらゆる命題を証明し、ひとは真理を認識するための理想的な方法を手にするであろう。しかし、ある学がこのプログラムを実現しうると仮定したとしても、その仮定上の必然性は形式的で空虚なままにとどまるであろう（数学におけるように）。分析によって一気呵成《かせい》に産み出される一枚岩の学知という典型的にデカルト的な自負・権利主張は、したがって支持できないものなのだ。自然学において理性は「大ざっぱに」は、すべてのものは「形態と運動から」なっている、ということはできる。だが、「機械を組み立てて」みたり、経験の所与に依拠せずに自然を説明する法則を演繹的に導出するなどということは、ばかげている。だからこそデカルトは「無益で不確実」（B七八：K一二四）なのであり、そうした（自然学としての）「哲学」は、一時間の労力を割くにも値しない。

　別の言葉でいおう。理性はそれ自身だけで自足することはできない。理性は理性自身の諸原理をすらみずからに提供することができないのであり、むしろそれら諸原理は「心」（直観）からやってくる。「心」は「理性《レゾン》がまったく知らない理由《レゾン》をもっているのだ」（B二七六：K八四）。孤立して、見捨てられてある限りにおいて、理性は道を誤ることしかできない。「理性は献身的に身をささげる、しかし理性はどの方向でもたわみやすい」（K八六）。とはいえ、だからといって理性を拒絶すればそれで済むというわけでもない。「二つの過剰。理性を排除すること、理性しか認めないこと」（K一〇二）。治療薬となるのは、服従である。服従の前には謙遜〔へりくだり〕という途中段階があり、そこで理性は別の方向にはね返ることができるようになる。理性を作動させるとは理性には限界があると認識することであり、理性が自分だけで働いているのではないと認識することである。「理性の最後の一歩」は、「理性を超えるものが無限に存在していると認めること」（B二六七：K九八）に存している。「哲学をばかにすること、それが真に哲学することである」（B四：K一二九一）。

神の存在という問題は、まったくもって示唆的〔啓示的〕である。合理的な存在「証明」がいかに不十分なものであるかは、パスカルにとっては疑う余地のないことであった。だが、このことは、無神論になんの優位を与えるものでもない！（「神が存在するということは不可解である、そして、神が存在しないということも不可解である。魂が身体をもつことも、われわれが魂をもたないことも、不可解である。世界が創造されたことも、世界が創造されないことも、等々。原罪があることも、原罪がないことも」B二三〇：K七九）。しかるに理性は、あらためて、残るのは二つの可能性しかないということを認めなければならない。神は存在するか、あるいは存在しないか。この二者択一の場に立つ者にとって、選択は賭けとなる〔以下、有名な「パスカルの賭け」の概略〕。この賭けは任意参加のものではない。というのも、賭けないことは、それ自体すでに二つの解決のうちの一つ〔「存在しない」〕を採用することにほかならないからだ（「きみはもう船に乗り込んでいるのだ」B二三三：K一一五）。ところで、確率〔蓋然性〕の計算から証明されるのは、もし無限に幸福な無限の生にたいして有限な生を賭けたところで、釣り合いはとれっこない、ということだ。にもかかわらず、きみはためらい、きみは拒む。このことが示しているのはなんだろうか？　すなわち、もし理性が信じるようにしむけているのに、ひとが信じようとしないのであれば、それはまさに、信じるということは理性の案件ではないということを示しているのだ。したがって、信じることができないという無力は合理的なハードルに由来するのではなく、感情〔情念〕のハードルに由来している。だから、「神の存在証拠の増加」に努力をかたむけるべきではなく、むしろ「われわれの感情の減少」に努めるべきなのだ。おまけに、そうして神の存在のほうに賭けることで、ひとは偽りの生き方を、より有徳でより幸福な生き方へと変えることにもなるだろう。この、推論と実在とのあいだのギャップは、なにか別のことがここで動いている＝賭けられている《オン・ジュ》ことを示している。「賭けの内幕」、それは宗教がわれわれに開示するであろうものである。

2　人間の悲惨と偉大――パスカルのこうした批判的言述の根もとにあるのは、われわれ人間の条件である。人間の条件は、矛盾したものとして現われる。

無限の空間におびえ、なぜあるときある場所に自分がいるのか理由も知らずに投げ出され、人間はみずからを悲惨なものとして見出す。人間は自分の能力によってみずから欺かれ、もてあそばれている（想像力は、「誤謬と虚偽の主人」である）。人間の能力が真理を吟味する基準は、疑わしい。偽りの精神が多数派を占めている。その精神が人間に思い描かせる幸福は、実現不可能である（K二三二）。それで人間はまずい振る舞いにふける。考えないようにして、「気ばらし」によって自分を慰める。まるであたかも、遊びや、狩猟や、戦争や、権力の行使、こうしたすべての「騒ぎや動き」をもたらす営みが人間を幸せにしてくれるかのように。じつのところ、気ばらしは「外から来る」ものであって、それをおこなう者を従属させ、依存させるものなのに。

だが、この悲惨さは、偉大さと不可分である。思考によって、私は「私を包み、一つの点のように呑《の》み込む空間」を理解する。思考のおかげで、人間はみずからを悲惨なるものとして認識し、みずからの自然本性から距離をとることができる（根底において、人間における「悲惨」は、「動物たちにおける自然本性」に対応する――B三九八：K三〇七）。人間は自身の悲惨を、大貴族の悲惨、廃位された王の悲惨として認識し、魂について偉大な観念をもちうる。人間の下劣さ――これは名誉を追いもとめることに存している――でさえも、人間の本性の卓越性のしるしなのである。

なぜこうした矛盾が、人間を「理解不可能な怪物」（B四二〇：K三五〇）にしているのか？ 哲学はわれわれに答えを与えることができない。鍵《レゾン》はただ原罪のうちに見出されるよりほかはない。原罪のみが、傷ついたものとしてのわれわれの本性の根拠を説明する唯一のものである。

いまや、なぜ理性が「謙遜」しなければならないのかが理解されよう。それは、理性がすべてを判断しようとすることを制するためにであって、われわれの確信と理性とを競合させるためにではない。救済は、理性の案件ではない。われわれにとって重要である神は、哲学者の神でも科学者の神でもない――そのようなものは単なる人間的偶像にすぎない――そうではなく、アブラハムの神、イサクの神、ヤコブの神であり、隠された神、絶対的に演繹不可能な神である。この神は、人間的ではないようなひとつの信仰において、みずからを「心において感じられうる」ものとなす。

しかしながら、真理のさまざま次元がはっきりと区切られたものであるならば、それら諸真理は象徴によって伝達される（「身体から精神への無限の距離〔隔たり〕は、精神から愛への無限大に無限な距離を象徴する、というのも、愛は超自然的だからである」B七九三：K一二九三）。

したがって、キリスト教という宗教は、理性の対立物なのではない（キリスト教は「人間というものをよく知っている」)。キリスト教こそが、そしてキリスト教のみが、われわれの本性をそのさまざまな矛盾とともに説明することのできるものであり、またわれわれに神における至福としての真の幸福を約束するものなのである。

Ⅲ　ライプニッツ

ライプニッツ（一六四六～一七一六年）はすべてをなし、すべてに興味をもち、どこにおいても才能を輝かせた。彼は微積分について大きな仕事をなし、物理学においては力の観念を復権させ、計算機を発明し……等々。しかし彼にとっては、合理性の領土拡大の努力は、なんら実在の貧困化を意味するものではなかった（とりわけ、延長〔というデカルトの観念〕はそうした貧困化をもたらす事例であった）。逆に、ひとが認識すればするほど、ひとは諸々の差異をとらえ、実在の複層性をとらえ、そうしてますます、最初見たときには知覚することのできなかったような、全体の統一性へと近づき高まっていくのである。ライプニッツは体系の信奉者であり、かつ先駆者であった。

1　絶対的《ロゴス》としての神――ライプニッツの絶対者は、デカルトのそれとはラディカルに対立している。

永遠真理さえをも創造する全能なるデカルトの神は、知的次元の物事の秩序をも変えることができる。二足す三が五にならないように決意・決定することができ、みずからの《知恵》に矛盾することさえもできるわけだが、そのような神というのは恣意的なる神であり、専制的暴君、いうなれば狂気の神だ。要するに、そのような神は神ではない。はたして神的意志は、意志するための理由〔根拠〕をもたないのであろうか？　自由であろうとするために、神はなんでもありの選択をしないといけないのであろうか？　なにか別の秩序を神は選択することもありえたと断定するさいに、ひとが言外に前提するのは、神はよりよくなすことができたはずである、ということだ。しかるに神は絶対的に完全で至高に善なるものであるのだから、神は最善のことを選択する以外のことをなしえなかったのである（たとえば、神がもし仮にただひとつだけ三角形を作成しなければならなかったとすれば、その三角形は正三角形であることになるだろう）。

ここから、すべてがひっくりかえる。神は知的秩序を創造するのではない。なぜなら知的な事柄の秩序は、神の永遠で無限な知性そのものだからである。神は法則を創造しない。神は法則そのものであり、神は絶対的《ロゴス》である。世界の創造のときに出現するのはそれゆえ諸々の現実存在の総体であって、諸々の本質の次元ではない。別の言葉でいえば、現実存在するものすべてはまず最初には可能的なものとしてあったのであり、そして思考されうるものとしてあったのだ――神によって思考され、次いで神の唯一の理性を分有する人間によって思考されるものとして。

本質と現実存在とのあいだのこうした関係づけをもとにして、ライプニッツは神の存在論的証明を再定式化することになった。すなわち、神は可能的であるならば、必然的に現実存在する。ところで、あらゆる可能的な規定は神において存在する以上、神は、みずからのうちにおいてもみずからの外においても、なにものとも矛盾することがありえない。したがって、神の無限なる本質には、必然的に、現実態の現実存在が対応するのである〔この点ではライプニッツは、論理的に矛盾や不可能性を含まない事象はすべて現実存在するはずだという主知主義的、論理主義的な実在観をとっている〕。

2　諸々の可能世界のなかの最善世界――世界の創造は、数学というモデルがしたがっているのと同一の図式に即して理解されるべきである（「神が計算すると、世界ができる」（Cum Deus calculat, fit mundus））。

無限にある可能世界のなかから、神は最善のものを選ぶ。この世界が最も調和的なものであるようにするためには、最も豊かな諸本質が現実存在するのでなければならないのみならず、さらに諸々の可能性が諸本質の相互間で邪魔しあわずに調和しているのでなければならない。つまり共可能的であるのでなければならない。この調和は予定調和といわれる。というのは、その調和は実在のあらゆるレヴェルを構築するものである構成法則から帰結するものだからだ。最も完全な世界とは、「仮説において最も単純であり、現象において最も豊かな」（『形而上学叙説』第六、七節）秩序の世界である。言い換えれば、神が最小《ミニマム》の手段によって最大《マクシマム》の結果を獲得することができるような世界、である。

にもかかわらず、このことは、世界のうちに数多くの無秩序、不規則さ、逸脱があるとわれわれが事実として確認することを妨げるものではない。つまり、ひとが悪と呼ぶものがこの世に多くあることを。実際、悪とは、方程式とグラフの曲線でもって示せるようなはっきりした無秩序なのではない。神は悪を「意志する」ことはなく、ただ秩序を意志するのみである。だがわれわれ人間が実在を読み解く力は、不十分なのだ。それはたとえば、ものすごく近くで絵画を見るような場合と同様である。近すぎてもはやわれわれは描かれた形を知覚することができず、ただ脈絡のないぶざまな色彩のしみを見るばかりであろう。多様な差異で世界を豊かにする不協和音は、より高次の調和＝和音へと協働しているのである。

どのようにすれば、全体の統一性と、個々の存在者の統一性とを和解させられるのか？　まさしく哲学の歴史と同じだけ古いこの問題は、どこか円積問題のようだ。ライプニッツは、われわれにその解決を提示する。

あらゆる被造物は神、すなわちそれらの創造者へと帰される。しかしこの世の諸存在者は神ではなく、神の分身でもない、というのもそれら存在者は時間と空間のうちに位置しているからである。しかるにひとつの存在であるためには、ひとつの存在であるのでなければならない。さて、もしあらゆる本質は普遍的なものであるのだとするならば、いったいどのようにしてそれら存在者は個別化されうるだろうか？

物質（無限に分割可能）も、身体（ひとつの複合体）も、あとから統一性を基づけるようなことはできない。したがって、それぞれの個物は実体（ライプニッツはこれを、ギリシア語の「モナス〔一性〕」にちなんで、モナドと呼ぶ）であると認める必要があるのだ〔ライプニッツの主著『モナドロジー』などで述べられている考え〕。そして、個々の存在者はそれをそれであるものとなしているひとつの本質をもっているのであるとみなされる以上、個々の存在者はひとつの個別的本質であるのだとも認めなければならない。

ライプニッツはこの驚くべきテーゼを、表出〔表現〕についての彼の学説によって支えている。個々のモナドは同一の唯一の神を表出しているのであり、《宇宙》は個別的諸実体が存在するたびごとに増幅していくのである。なるほど、感覚的能力しかもたないモナド（動物）が存在しており、そして人間のみが理性的モナドであるというのは確かである。だが、すべては、それぞれがそれぞれの尺度において、可能な限り充溢して現実存在するよう努めているのであり、それぞれのやり方で神を模倣しようと努めているのだ。あらゆるところに思考がある――無意識的であれ、萌芽状態のよちよち歩きであれ――、欲望がある、生命がある。モナドがその表出の度合いを増大させるところではどこでも能動＝行為（それゆえ快楽）があり、その度合いが減少するところには受動＝情念（それゆえ苦痛）がある。世界はじつにひとつの有機的全体なのであり、そして個々の個別者は、個々のユニークな仕方で、それがそれであるところのものとして充溢して存在している。

3　分析と体系——個別的現実存在者はそれぞれに本質であるのだが、それら存在者がなすもの、および蒙《こうむ》るものは、属性にほかならない——つまり属性とは、本質の展開を顕在化させる諸性質のことになる。このような定式化は、われわれの経験に対応している。個々のものがなすもの、そして体験するものは、個々のものの存在とのあいだに連続性を有しているのであり、だからこそ、自由な行為が個別的主体の本質を表現するのだ。

だが、宿命論という暗礁を回避するためには、反対物を絶対的に排除する権利上の必然性（たとえば、すべての半径の長さが等しくないような円は存在しえないこと）と、事実上の（「仮定上の」(ex hypothesi)）必然性とをよく区別すべきである。起こった出来事というのは、起こったことであるがゆえに、実在的《リアル》な善であり、確実な善であるが、しかしその反対物（起こらないということ）はそれ自体として矛盾的であったわけではなく、だから不可能ではなかった。例を挙げよう。カエサルはまさしくルビコン川を渡ったのだったが、しかしながら、彼が川を渡らないということは、それ自体において不可能性を有していたのではまったくなかった。要するに、現実に起こったことも偶然的であることをやめるわけではなく、そして起こらなかったこともまた不可能になるわけではないのである。

カエサルがルビコン川を渡るその歩みを分析することから、世界の歴史すべてを演繹することができる、とライプニッツが主張するとき、彼が念頭に置いていたのは次のような神のことである。すなわち、無限の分析能力をもつがゆえに、すべての本質と諸本質間のすべての関係との展開を、歴史の終わりにいたるまでことごとく把握することができる神、である。ただし神は予見するのであって、決定するのではない。われわれの自由な選択を事前に認識しつつ、神はそうした諸々の選択を予定調和のうちに統合する。人間はといえば、たんに自分にとって最善と思われるものを選択するだけであり、そして選択や〔選択の帰結としての〕出来事を認識するためには、人間は選択や出来事が現実存在するようになるまで待つよりほかかない。

権利上は、すべてのことは分析によって認識されうるのでなければならない。事実上は、個々の人間というのは全体にたいするひとつの個別の観点でしかない。というのも、人間は個別に時空のひとつの交差点に置かれているからである。このことが、無知や誤謬が存在することの理由である。一人ひとりがみな他の者と同じ物事を見ていると信じているときでも、実際には個人は自身の視界・見方の尺度に即して見、そして語っているのだ。たしかにある者たち（哲学者たちや、ライプニッツ……）は全体にたいして特権的な観点をもっているのであるが、しかし神のみが、すべての個別者と同様に、かつ同時的に、かつさらにまったく別様な独自の仕方でも、宇宙を見るのである。神は、唯一の汎通的実測図なのである。

すべてはア・プリオリに演繹されえ、分析によって認識されえ、そして言語によって言明されうると主張することで、ライプニッツは体系と構造とにまつわる諸観念を基礎づけた。彼が構想した普遍記号学（それらを組み合わせることであらゆる論理推論が作り出せるような、単純かつ一義的な諸要素の研究）というプロジェクトは、こんにちわれわれの時代における組合せ数学およびコンピュータの出発点になるものであった。ライプニッツはそのアイデアをもっていたのだが、ただツールがまだなかったのだ。しかしながら、じつをいえば、唯一の絶対的コンピュータ、それは、神なのである。

IV　スピノザ

スピノザ（一六三二〜一六七七年）は、アムステルダムで、イベリア半島にルーツをもつマラーノの後裔である（十四世紀末にオランダに亡命した）ユダヤ人家庭に生まれた。スピノザは早くにユダヤ教から断絶し（一六五六年に破門される）、家業の商業活動にかかわることも放棄した。光学レンズ磨きで生計を立て、どちらかといえば共和主義者や自由思想家らという種類の面々と頻繁に交際をもった。

スピノザは孤独な隠者であり、あらゆる学派の外部、欄外の余白にいた。彼の思想は同時代においてはよく理解、受容されなかった。しかしのちに、領土拡大的理性と啓蒙思想とのあいだの中継地をなすものとなっていた。なぜかといえば彼の思想は、理性の身分と機能とを修正変容させるようなものとして、絶対者を概念化しようとする思想だったからである。これが、本章では時系列に反して、スピノザを古典的合理主義者たちの最後に置いた理由だ〔スピノザはライプニッツよりも年長〕。

幾何学的様式（more geometrico）によって構成されたその著作『エチカ』の難解さにもかかわらず、以後のあらゆる哲学者はこの思想との対決をしないわけにはいかなくなった。ヘーゲルの言葉を引くとすれば、スピノザの思想は、哲学そのものとしてみずからを提示する〔ヘーゲルの言葉に、哲学はスピノザ主義的であるか、哲学など存在しないかのいずれかしかない、というものがある〕。すなわち、方法と論述との同一性、形而上学と倫理学との同一性、理論と実践との同一性、思考と生との同一性、として。いまここに再び、哲学は救済への導きを自負するものとして現われる。倫理的領域および——なによりとりわけ——宗教的領域にたいして、なんらのわずかな〔哲学の手がおよばないような〕独自の自律性も残させないような仕方で。この哲学の賭金の重さは、推して知られよう。

1　哲学的方法――〔方法への〕デカルト的陶酔のあとで、いまや、真理を産出する機械仕掛けとしての方法なるものは、放棄されるべきである。スピノザにとっては、重要なのは理性の取り扱いの仕方なのではない。そうではなく、知性の改善こそが重要なのだ〔スピノザの著作『知性改善論』をふまえている〕。われわれは見かけ〔表象像〕が法としての力をもってしまっているような第一種の認識から脱して、第二種の認識――理性的な認識だが、なお諸々の一般的観念の次元を越えるものではない――へとみずからを高めねばならない。そしてそこを通って最後には、第三種の認識へとたどりつかねばならない。この第三種の認識において、われわれ自身についての、神についての、そして残りの他のものについての諸々の十全な観念の統一性のもとで、諸本質の直観的認識が開花するのである。

それゆえ真の方法とは、知恵へと向かう、哲学と生との一致へと向かう、端緒を探求する道のりにほかならない。真の方法とはわれわれの眼差しとわれわれの現実存在の仕方とを修正し、解放していくひとつのプロセスのことである。真理認識の規準を探しもとめるなどということは、一銭の得にもならない。ひとは真なる観念から出発し、それゆえ規準を他にもとめる必要がないか、それとも、ひとはそもそもなにも始めることができないかの、いずれかだ。真理は真理それ自体の指標、真理そのものの徴表であり規準である（『エチカ』第二部、定義四三備考）。方法と自称されてきたものは正しくは、観念の観念自体についての反省、すなわち観念の観念にほかならない。これが、哲学が反省的認識たるゆえんである。哲学はみずからを実現しつつみずからを言葉にする。つまり、哲学することそのものにおいて。

2 《実体》としての実在——あるがままの実在から出発しなければならない。もちろん、実在を語るのは哲学者である。ただしその哲学者が実在について主張肯定する当の観念を理解している限りにおいての話だが。あるがままの実在とは、なにより第一に、自己原因（causa sui）、言い換えればおのれの原因をみずから積極的に有していること、である〔『エチカ』の冒頭である第一部の定義一は「自己原因」の定義を述べている〕。というのも、他のあらゆる原因というのはすべて結果の結果でしかなく、したがってわれわれを〔結果からひとつ前の原因へ、さらにもうひとつ前の原因へ、さらに……という〕終わりなき無限に遡《さかのぼ》る連鎖のうちに送り入れるものであるから。あるがままの実在とは別のなにかなど存在しない。実在は絶対的にそれがそれで在《あ》るところのものであり、本質と現実存在との同一性として在る〔本質と現実存在との差異は、よりあとに生じるものにすぎず、両者の同一性という基盤に依拠しているのだ〕。現象と存在それ自体とを区別する必要もない。自己原因の優位ということが含意するのは、本質は力〔潜在力〕に依存しているということである。このことは〔『エチカ』の論展開において〕のちのち重要な意義をもってくる。

スピノザにとって実在全体は実体であり、それは同一の運動において存在し、かつ概念把握される〔「実体ということで私は、それ自体において存在し、かつそれ自体において概念把握されるもののことと解する」——『エチカ』第一部、定義三〕。ひとが「神」と呼ぶもの、それは《実体》なのだ〔第一部、定義四〕。ここでただちに理解されるのは、この神とはユダヤ‐キリスト教のそれではもはやないということである。この神は人格的で自由な主体でもなければ、創造主でもなく、《摂理》でもない。これらすべてのニセの属性は、無知なる者たちの不安と妄想的想像から生じたのだ。神とは、唯一で、無限で、能動的な、《自然》以外のなにものでもない。この《自然》は、《実体》にして原因である限りにおいては能産的自然と呼ばれ、実在の様態であり結果である限りにおいては所産的自然と呼ばれる。

こうしたスピノザの論の性格を、簡単に言い表わすのはとても難しい。一方で、スピノザは無神論を不可能にした。神を否定することとは、実在の実在性《リアリティ》を否定することであるが、しかし実在などなにもないと言うことなど不可能である。他方で、スピノザは神を肯定するか否定するかという二者択一を排除したのだが、これは肯定ということから意味、内実を奪ってしまうものである。スピノザの神は《自然》であると知るならば、それは汎神論である、とひとは語りたくなるだろう。しかしながら、もし神が《実体》でありすべてであるならば、むしろ存在しないのは世界のほうである。そうすると、ヘーゲルが指摘したように、スピノザ主義とはひとつの無世界論である、ということになる。

3 属性と様態――デカルトの見解に反して、思考と延長とは実体ではない。そうではなく、思考と延長はただ実体の属性にほかならない（属性とはつまり「実体の本質を構成しているものとして知性が知覚するもの」――第一部、定義四）。この二つの属性のみが、われわれが認識する属性であるが、しかしそれらが《実体》のすべてなのではない。というのも実体は無限な無数の属性によって構成されているのであるから。われわれは《実体》の有限な様態でしかない。言い換えれば、それ自体による存在をもたない実在でしかないのであり、ただ《実体》によってのみ存在し、《実体》によってのみ概念把握されるのである。

あらゆる属性はそれぞれに《実体》の唯一の本質全体を包含するのである以上、もはや思考と延長とは対置されない。ひとが思考の次元において把握するものすべては、その対応物を延長の次元にもつ。これが、物心平行論である〔スピノザ哲学の主要学説のひとつ〕。したがって、自然の事物を認識することをとおして、思考の認識においても前進してゆけることになる。魂と身体との古典的二元論は、もはや存在理由《レゾン・デートル》をもたない。魂とは身体の観念にほかならない。われわれがふつう身体と呼んでいるものは、ひとつの暫定的で滅ぶべきはかなき実在にほかならない。それゆえわれわれは身体の永遠的本質のほうへとみずからを高めなければならない。

有限様態が現実存在へと移行するとき、有限様態の本質は欲望（コナートゥス(conatus)、これは積極的な力なのであって、たんなる憧れや探索ではない）によって定義される〔スピノザにおいては欲望・喜び・悲しみが三つの根本感情、いわば存在論的感情として位置づけられる〕。欲望とは、おのおのの存在者がみずからの存在を維持しようとする努力のことである。欲望が、第一のものなのだ。「われわれがあるものを欲望するのはそのものがよいものだからではなく、事態は反対なのであって、われわれがそれを欲望するから、それはよいものなのだ」（『エチカ』第三部、定理九備考）。

哲学者だけが、人間的実在の十全な認識に到達する。事物の真の秩序を知らないがゆえに原因と結果とを逆にしてしまう、凡庸な認識に含まれるさまざまな錯覚を理解することができるのは、ただ哲学者のみである。人間は目的性を信じこみ、自由を信じこみ（じつのところ人間は諸々の外的必然性によって規定されているにもかかわらず）、善〔そのもの〕と悪〔そのもの〕とがあると信じこんでいる（実際には善きものと悪しきものとがあるのみであって、言い換えれば、われわれの力の増大あるいは減少の表現があるのみであるのにもかかわらず）、等々。哲学は、唯一の意識そして唯一の真の自由へと導く。自由で在る者とは、みずからの本性の必然性によってのみ現実存在し、自己によってのみ行為＝能動することへと規定されている者のことなのだ（第一部、定義七）。

4　救済――われわれは終極に達する。すなわち、みずから自身を概念把握し、身体の永遠的本質を

概念把握する精神は、神の十全な認識と、神から帰結するすべてのことの十全な認識とをもつことになる。精神はこうして認識の十全な原因となる。それゆえ哲学者は自己を意識し、神を意識し、諸事物を意識するのであり（『エチカ』第五部、定理四二備考）、言い換えれば完全かつ幸福となる。第三種の認識は必然的に神への知的愛を生み出す（第五部、定理三二）。なぜなら神の観念がその知的愛の原因となるからであり、そして愛は外的原因の観念による喜びとして定義されるからだ。

この愛が神の神自身にたいする愛の一部分である以上、神は人間たちを愛する、ということがそこから帰結する。われわれの救済、つまり至福そして自由は、この神への愛のうちに存している。至福とは徳への報酬なのではない。至福とは徳それ自体である。《生》であるところの神を瞑想することは、行為＝能動する力を増大させ、そしてこのことが喜びを生み出す。《賢者》はけっして存在することをやめない、なぜなら本質と現実存在とはもはや分離されえないから。この永遠性はたしかに持続の永遠性ではないし、魂とは記憶を付与された個別的人格なのではない。賢者にとって、死とはなんでもないものである。ただたんに身体と情念との終わりであるにすぎない。死を極度に誇張するのは無知な者らだ。彼らは、死についての考察は悲しみを生み出すことしかできぬということ、その悲しみが悪と隷属をもたらすということを知らないのだ。哲学者は、死後の永遠の生をなんら必要としない。理性の永遠的生だけでも哲学者を充たすのに十分である。

5　権威という問題――賢者の生というものは不可避に、ほんのわずかな精神的エリートだけに与えられるものとなるであろうが、そうすると、無知なる大衆という現実の存在はどうなるのだろうか？哲学者たちが活躍する自由な思想の領域を離れるやいなや、服従と不服従とだけが問題となる場がたち

現われる。というのも、無知なる者たちは錯覚《イリュジオン》＝幻想でべっとりねり固められてしまっていて、自分たち自身では真理の導きにしたがって振る舞うことができないのである。

このことは第一に、宗教にたいしてあてはまる。神がわれわれの知っているようなものであるなら、神の永遠なる言葉というのはただ端的に自然的真理以外のものではありえない（『神学政治論』第十二章）。あらゆる真理が啓示であるのに、個別的・歴史的啓示というものがどのようにして存在しえたのであろうか？ しかるに、第一種の認識に釘づけにされて、十全な観念を形成することができない無知なる者たちのもとでは、神の認識は不可避に先入見〔偏見〕である。なぜなら、啓示は無知なる者たちが神についてもともと考えていたこと（自由、魂、善および悪等々をめぐっての錯覚＝幻想をともなった）に適合させられてしまうからだ。無知なる者らに語りかけるには、比喩的な言語を採用する必要があり、物語をもちいて表現をしなければならない。もちろんそこに真理はない以上、結果として宗教は服従を獲得するための手段以外のものではない。ここに、宗教が政治とのあいだにもつ密接な関係が存している。

原則的には、高次なる自然の光以上の外的権威は人間にとって存在しない。しかしながら、大衆を統率するためには、恐れにうったえる必要がある。だからこそモーセは、神の掟という大義名分のもとに、ヘブライ人の律法を制定したのであった。

理性は、恐れを宗教へと偽装させる君主制以上のことを、なしうるだろうか？ 理性は自然権の基礎を明るみに出すことができる。つまり欲望と力とをである。政治は、あるがままの人間たちに適合しなければならない。そしてあるがままの人間たちは共同体においてしか生存していけない以上、自分たちの安全を確保し、可能な限り最善の人生を送るために、人間たちはたがいに理解しあわなければならないという義務を有している（『神学政治論』第十六章）。社会的誓約（あるいは社会契約）は、各個人の力を社会へと移譲することに存している。これが、社会的、政治的服従の根である。以上のような条件のもとで、デモクラシーは可能な最善の政体である。というのも、人間たちは全体としての国民にたいしてしか服従しないという限りにおいて、デモクラシーにおける人間たちは平等かつ自由であるからだ。

スピノザ哲学の影響は大変に広汎なものである。しかしその信奉者たちがスピノザと同じ思想態度で仕事をなすことはまれであった。実体の唯一性ということが精神と物質との同一視（こういう言い回し自体がすでにもともとのスピノザ哲学〔の物心平行論〕からのずれを証言してしまっている）へと推しすすめるものであったとしても、ひとつの属性を強調せんがために『エチカ』の論順序を逆転してしまうなどというのは、やはりスピノザ的ではない。同様に、スピノザ的な神の肯定は洗練された無神論に等しいと示すことはたしかに可能であるとしても、「神すなわち自然」（Deus sive Natura）という言葉はただちに自然主義への信仰を告白するものではない。とはいえ、まさにそのようにしてスピノザは理解されてきたのであった。その実例をベール、フォントネル、メリエ神父、ドン・デシャン、ディドロ、ドルバック、エルヴェシウス、トランド、レッシング、等々に見ることができる。また同じく、賢者スピノザの背後に、「先入見」と「錯覚」の狩猟者としての「哲学者」の姿、「脱神話化」のスペシャリストの姿を見通すこともできる。最後に、自由な支配者としての知者と、服従すべき者としての無知者との区別が、近代的権力構造の成立において決定的な役割を果たしたと評価判断することは可能である。哲学が《福音》の自然的真理を所持するとすれば、他方で国家は《教会》の自然的真理を所持する、ということだ。スピノザ哲学のテクストの厳密な内実について、そしてその哲学の精神が文面を越えてはみ出し溢《あふ》れ出る仕方については、なお問いつづけるべきことが多くある。

第四章　理性批判の時代――十八世紀

十八世紀という時代、およびその時代のある特定の思想家たちを扱うさいに、啓蒙の哲学について論じることが通例となっている。しかしながら、いやしくも啓蒙の精神というものが存在すると仮定するならば、さまざまな方向で、そして、とりわけ多くのいろいろなレベルにおいて、その息吹を見分ける必要があるだろう。

「啓蒙《リユミエール》」とは理性の啓蒙《リユミエール》である。しかしどのような理性か。生きいきと活動する理性、「理性の法廷」をとり仕切る理性とは、もとのまま変化せず存在するようなものではない。理性は、理性自身の哲学的展開の結果として生じるものである。理性とはつねに、理性と理性の前提事項からの帰結なのである。だからこそ啓蒙の時代とは、むしろ理性にたいする批判的な――もっと言えば恩知らずな――時代である。理性は、自然と自由というたがいに排除しあう二つの極のあいだで引き裂かれているのである。

最もありふれた、楽観的で肯定的な姿をもって現われる啓蒙の精神（とりわけ百科全書派がその代表である）は、古典哲学の合理主義的な方向性を推しすすめたものであるように見える。しかし両者には大きな違いがある。〔啓蒙の精神にもとづくひとびとにおいては〕理性の形而上学的な機能が放棄あるいは棄却されているのだ。

そのとき〔啓蒙の精神において〕ひとは不可避的に、実在的なものを現象へと還元することになり、事物がいかにあるのかという問題に専心することになる。原因と結果の機械的な関係こそがこの問題を十分に説明してくれるものである。優れた科学的天才であるニュートン（一六四三～一七二七年）に魅了されたひとびとは、学知のための数学的なモデルを放棄し、物理学的なモデルを選ぶことになろう。哲学的にはこうした考えは新しいものではない。しかし全盛期を迎えた実証科学がその後ろ盾となり、これらすべてを突き動かすための力を与えたのではないだろうか。

こうして理性は自然主義的であり、かつ機械論的なものとなる。つまり、すべての「実在的な」ものは、ひとつの機械として生産され、再生産されうると考えられるようになる。理性そのものもそこから逃れることはできない（ロック――一六三二～一七〇四年――は、直接的な基本要素である「感覚」から観念を産出するという理論により好評をえた）。エルヴェシウスも精神にたいして同様のことをおこなった。どんな人間的リアリティ――信念であれ、道徳、宗教、社会であれ――についても、すべてはそのように分解され組立てられうると彼は考えたのだった。

自然はさまざまな操作のための舞台、新たなる構築物の台座、包括的な環境を供給することになろう。こうして人は、直接的な「自然なもの」の土台のうえに、さらには非人間的な土台のうえに、人間を構築しうるようになる。そしてここから「自然なもの」とみなされた「野蛮」のやみがたい魅惑も生じた。「自然なもの」との比較によって、われわれのうちにある人為的なもの（言語、観念、道徳など）も見分けられるはずである。コンディヤック（一七一四～一七八〇年）は〔人間的なものの〕野蛮化を徹底的に推しすすめた。立像に感覚能力を少しずつくわえることで、彼が実験的に「再構成」しているものとは、人間ではなかっただろうか〔コンディヤックは『感覚論』において、立像に嗅覚、聴覚、視覚などの感覚能力をくわえることによって、それがどのような表象を獲得していくのかという思考実験をおこなった〕。ここで目指されているもの、それは「自然」哲学、「自然」宗教、「自然」道徳の構築である。

社会を生み出すことも忘れられてはいない。ホッブズ（一五八八～一六七九年）がその口火を切った。もし自然人が〔他の〕人間に対する狼だとしたら、死への恐れこそが統治された社会を創設するための理由となる。こうして〔ホッブズによって〕きっかけが与えられ、そこを起点に競合するさまざまな理論が登場することになる。当然のことながら、決定論に支配された世界のうちに自由が占める場所を空けなければならないであろう。それは簡単なことではない。けれども人間を「解放する」ことが目的でないならば、理性の啓蒙がいったいなんの役に立つというのか。

神というものを考察する仕方が、この新たなる精神を完璧に表わしている。たとえば、ひとが神を自然の作者とみなすならば、その場合、神は建築家あるいは時計職人とされるかもしれない（ヴォルテール）。もしひとがいくばくかの哀れみをもっているならば、神は接近しえない《まったき他者》、純然たる感情の対象とみなされるかもしれない。あるいは、神とは無用にも自然と自然の諸法則を二重写しにした存在にすぎないと判断するならば、その場合、むしろ単純に、神とは自然であると考えることになるかもしれない（ディドロ）。いずれにせよこれらすべての事例において、自然主義の論理が働いている。

この哲学はもはや思弁的認識、知恵、瞑想、救済といったものを目的とすることはできない。それは人間の幸福――あるいは善き生――のために闘争し、「偏見」や蒙昧主義の「暗闇」に抗して戦い、不幸と悪の根元を断ち切ることに努めるのである。線的に進んでいく歴史的時間という考え――これはキリスト教に由来するものだが――と一体になったこうした目標は、無際限に積み重なる進歩という神話を養うことになろう。

ひとつの時代の独自性をしっかりと意識しなければならない。そこにおいては「啓蒙されたひとびと」

が多数を占め、彼らは同じような紋切り型《ステレオタイプ》を繰り返し、同じようなメンタリティを反映しているのである。啓蒙されたひとびとはみな「哲学者」を名乗る。そうしたすべての哲学者は自身をインテリとみなし、他のひとびとの考え方や趣味、行動を導くことをみずからの使命であると考えたのである。しかしながら、少数の偉大な精神も存在していた。彼らはこの画一性から抜きんでて、ひとつの時代からあらゆる場面ではみ出していくのだが、そのようにして彼らもまたその時代を形成するのに貢献するのである。

I　ヒューム

ヒューム（一七一一～七七六年）は、なによりもイギリス哲学の伝統を伝える最も際だった証人である。彼は偏見あるいは「イドラ」を批判することによって、F・ベーコン（一五六一～一六二六年）とともに、実験科学の精神を開拓したひとである。そしてまたロックとともに、ヒュームは哲学的経験論を有名にした。さらには、バークリー（一六八五～一七五三年）とともに、物質の客観的実在についての通俗的確信を揺り動かしたひとでもある（もし実在的なものがわれわれに現れる通りのもの――存在は知覚される（esse est percipi）――だとしたら、そして、もし知覚する主体の実在がまさしく知覚する――存在は知覚する（esse est percipere）――ということにあるなら、われわれにとっての現われから独立した、実体的な実在それ自体が存在するということは肯定できなくなる）。しかしながら、ヒュームは基本的なテーゼの諸帰結をあまりに強く推しすすめたために、経験論の周縁部に位置づけられることにもなる。すなわち彼は、自分自身の懐疑論にたいしてさえも疑いをかけることができるような懐疑主義者なのである。つまるところ、彼は傑出しているのだが、多くのひとびとにとっては訝《いぶか》しい存在である。

1 方法――『人間本性論』の副題は、まさしくひとつのプログラムを示している。それは「実験の方法を道徳的主体のうちに導入する試み」というものである。問題となっているのは、人間本性についての科学を獲得することであり、そこからすべてを派生させることが試みられる。ここでの研究の手法は調査である。とはいえ諸事物について調べるのではなく、われわれのうちで生じていることを理解することが問題となる。われわれは理性を用いているのだが、理性それ自身はひとつの自然の結果でしかないのだ。

経験論は不可欠である。実際、ひとが根本経験の調査に乗り出すと、すぐに見出されるのは印象であり、これは生気（liveliness）によって特徴づけられる。印象こそが、その実証的な物質性において実在そのものを構成する。観念は印象の写しにすぎないものであり、思考における印象の二次的な現われにすぎない。これがひとたび定められると、残りのすべてはそこから生じることになろう（ヘーゲルならば、これこそが学説の強みであり、弱みでもあると言うかもしれない）。哲学、道徳、宗教といったものは諸事実にすぎず、そのようなものとして扱われるべきものとなる。

2 信念――もし実在が印象であるなら、なによりも素朴な客観主義を批判しなければならない。そのような客観主義は原因と結果のあいだの関係を、事物のうちに現われる必然的かつ客観的な結合と〔誤って〕みなすのである。

もしそれを経験することがなかったならば、水がある温度で凍るということを、いったい誰が知りうるだろうか。それゆえ原因から結果が引き出されるのは、純然たるア・プリオリな分析によってではない。とはいえ、われわれは経験から〔原因と結果の必然的な〕結合を引き出すこともできない。ビリヤードのボールが別のボールにぶつかるのを最初に見たときに、初めてわれわれは二つのボールの運動が連接することを事実として確認するのである。そうであるならば、なぜわれわれは〔同じような〕経験が何度か反復されたとき、そこに因果性が働いていると考えるのだろうか。最後の経験のうちに、最初の経験以上のものがあるわけでもないというのに。その理由は、反復が習慣を生み出すからである。そして習慣は信念を生み出すことになる。

因果的な結合は事物のなかに客観的に見いだされるものではない。われわれが、太陽は毎朝昇るであろうと信じるのは、それに習慣づけられているからである。信念とは現在の印象と一体となった、あるいは現在の印象と連合された生きいきとした観念である。しかし信念は現象のないところに実在を定立するような経験なので、それもひとつの観念であり、想像力に属するものにすぎない。

3 懐疑的理性——理性自身も動揺させられることになるだろうか

そうではない。なぜなら、理性こそが信念のメカニズムを暴露するものだからである。しかしこのように暴露されたからといって、信念が否定されるわけではない。信念は想像力に必然的に結びついているからである。結局のところ信念とは、動物が本能でそうしているように、自然と一体となって生きるためのわれわれの手段なのである。

信念はそれ自身〔の確かさ〕を請け合うのみであり、みずからの対象の妥当性〔対象が実在するかどうか〕を決定することはできない。しかしながら、蓋然性にはそれぞれ違いがある。たとえば、奇跡が自然の恒常性に背くものである一方で、自然の斉一性はどうしても必要なものである。奇跡はそれ自体で不可能ではないとしても、その蓋然性はほとんどない。それゆえ、「世界の秩序」(そもそもどんな秩序だろう?)から神的な製作者の存在を導き出そうとしても無駄である。両者のあいだの不均衡はあまりにも大きい。しかしだからといって、ひとは神は存在しないと証明することもできない。有神論と無神論は背中あわせのものである。この領域においては、なんらかの原因を擁護するものはつねに敗者であり、それを攻撃するものはつねに勝者である。

すべてを攻撃すべきであり、守るべきものはなにもないという懐疑主義は、その通り道にあるすべてのものを動揺させる。そしてそこには自分自身も含まれているのだ。これを貫くのは困難である、とヒュームは認めることになるだろう。

II カント

カント(一七二四〜一八〇四年)は、ケーニヒスベルクで生まれ、そこで死んだ。大学教師として規律的な生活を送った。カントがおこなった批判の試みは彼に栄光を与え、われわれのものの見方を革命的に転回させることとなった。

1 批判哲学という革命的転回——ヒュームを読んだことで「独断のまどろみ」から目覚めさせられたというカントは、みずからの試みをニュートンの物理学の擁護や解説に切り詰めようとは決してしなかった。ニュートンの物理学は、技術的応用の場面でその理論的な成功をもとめつづけるものであり、

そのために人格など必要とはしなかった。因果関係の必然性を批判することによって、ヒュームは認識の正当性を動揺させた。しかし同時に、客観性の神話を破壊することによって、彼は問題にたいする新たなアプローチを示唆してもいる。カントがそれを発見したのである。カントは客観性の場面に、コペルニクスが天文学において成功した図式を適用した。コペルニクスの図式とは、地球の周りに太陽を回らせるかわりに、地球に太陽の周りを回らせる、というものである。それゆえ、認識論におけるコペルニクス的転回とは、主観の側に、客観が基礎づけることのできない客観性の鍵をもとめるところにある。認識されたもの〔客観〕の外在性のうちに迷い込んではならない。そうではなく、認識の可能性の諸条件へと遡《さかのぼ》ることが問題なのである。

しかしながらそれは同時に形而上学の問題を再び背負い込むことにもなる。この問題は、最終的に独断論と懐疑論を生み出すばかりであった。だから、最も大きな広がりをもった問いは、「私はなにを知りうるのか」というものになる。批判は、われわれのものの見方を転回させる普遍的な方法たらんとするのである。

ところで、この批判の企ての究極的な原動力はどこにあるのだろうか。カントはそれを隠さない。それは道徳の領域に属している。それがいかなるものであろうとも、人間の根本的な問題とは、それなしには生きていくことができないような、人間の実存の意味の問題である。まさしくここにおいて、すなわち思弁的知識においてではなく実践においてこそ、人間の人間性は賭けられており、その命運が決するのである（「私はなにをなすべきか」、「私はなにを希望することができるのか」）。こうして批判の最高の関心が描き出される。

そこにいたるために、カントは『純粋理性批判』第二版の序文において次のように明言している。「私は信仰に場所を空けるために、知識を廃棄しなければならなかった」（これが意味するのは、その道徳的な使用における、純粋理性の純粋な信仰のことである）。この有名な命題が意味しているのは、あらゆる認識の可能性の諸条件を明らかにすることが、同時に認識の限界を定めることを可能にするはずである、ということだ。この限界が別のもの〔実践理性〕に自由の領域を残しておくのであり、これは欠くことのできないものである。

もし真実を保有する知識が可能であると仮定するならば、そして人間性を基礎づけるためにはそのような知識が要求されると仮定するならば、その場合、人間性はある限られたひとびと――その知識をもつひとびと――にのみ割り当てられ、それ以外のひとびとには与えられないことになってしまう。さらに、もし人間が魂および神についてのすべてを知っていると仮定するならば、人間はもはや主人の命令に隷属的にしたがうのみである。人間の行為は、自由と責任を失ってしまうとともに、道徳的であるという性格を失ってしまうことになるだろう。ところで、もしかりにそのような知識が自然科学（それが含むあらゆる利点とともに）に属するものであると仮定するならば、実在は現象へと還元され、主観は客観へと還元されてしまうことになるだろう。その場合、決定論が勝利し、そこにはもはや人間性は存在しないことになってしまうだろう。

2 認識の諸条件と諸限界――認識するためには、さまざまな判断を形成しなければならない。しかし、諸々の判断はどのようにして必然的であると同時に内容を含んだものでありうるのだろうか。

分析判断は必然的である。なぜなら、述語（あるいは属性）がすでに主語のうちに含まれているからである（たとえば「人間は死すべきものである」、「三角形は三つの角を有する」）。しかし、この判断はわれわれになにも教えない。反対に総合判断は内容を含む豊かなものである。なぜなら、それは主語にたいして、そこには見いだされない述語をくわえるからだ（たとえば「大地〔地球〕は丸い」）。ただし、このような判断を形成するには経験に訴えるしかないため、総合判断は必然性を欠くものである。しかしながら、数学や基礎物理学において、総合的であると同時にア・プリオリな、すなわち新たな内容を備えているのに経験に訴えていない判断が存在する（たとえば「七足す五は十二」「直線は二点間の最短距離である」）。なぜか。それは、そこには外的経験が存在しないにもかかわらず、なにかが直観の対象の役割を果たしているからである。このなにかが空間と時間である。

　空間と時間は客観的実在ではなく、主観の感性のア・プリオリな形式を構成するものであると示すことによって、カントは最初の障害を取り除いた（『純粋理性批判』「感性論」）。たしかに外在的な所与《データ》（「感性的多様」）というものは存在するだろうが、われわれはそれを空間化し時間化することによってしかとらえることができない。なぜなら、それを把捉するわれわれの感性を遮断することはできないからである。

　このように直観された所与は、さらにわれわれの悟性のカテゴリーによって形式化されることとなる。このカテゴリーは経験に由来するものではなく、あらゆる可能な経験を構造化するための格子のようなものである。事物のうちに空しくもとめられてきた因果性もカテゴリーのひとつである。それゆえ、実験に基づく認識にたいして必然性を与えるものは、人間にほかならない。

　諸々のカテゴリーは、経験を調整し秩序づけることに役立つ諸概念である。われわれの感性によって供給された質料（これは概念がなければ盲目のままである）によって満たされることなく、それ自体でとらえられた概念は空虚である。それゆえ、概念を思弁的に使用することはできない。

　判断が、ア・プリオリに結合し総合する力をもつ思考する主観の自発性を十全に表わしている（カントにとって、思考することとは判断することである）とすれば、カテゴリーは、アリストテレス論理学によって確立された「判断表」から演繹される。

しかし、悟性の純粋概念が、それにとって根本的に異質なものであるにもかかわらず、経験的直観に適用されうるためには、両者にとって同質な第三項がそれらを結びつける必要がある。その第三項とは図式であり、超越論的想像力によって生み出されるものである。図式とはひとつの像《イメージ》ではなく、諸々の像を可能にし、それらを概念に結びつけるものである（たとえば、幾何学は三角形の図式において操作をおこなうのであって、ある特定の三角形の像においてではない）。悟性が内官（すなわち時間）における多様の統一にのみ向けられている以上、図式こそが最終的に時間のア・プリオリな規定なのにほかならない〔『純粋理性批判』「図式論」〕。

カテゴリーとは結合の仕方にすぎないものであるから、それにくわえて結合するという行為が必要となる。

この行為をおこなうものは、この行為に先行し、この行為から帰結するものではない、あるひとつのなにかでなければならない。この要求に応えることができるのは、あるひとつの主観のみである。この主観は、経験の対象の条件であるゆえに、それ自体は経験の対象とはならない。そのような主観とは、超越論的主観にほかならない。この主観は自我ではない。つまり経験的主観、自己意識、たんなる現象ではない。カントにとって、デカルトが犯した大きな間違いとは、コギトの経験において、経験的主観と超越論的主観を混同したことである。

われわれには認識の諸条件を取り除くことは不可能であるから、われわれは、われわれに現われるとおりの事物を認識しうるのみである。それはすなわち現象であり、それ自体で存在するままの事物〔物自体〕ではない。それゆえ、思弁的認識は不可能なものとなる。

しかしこうした犠牲を払ってこそ、われわれは欠くことのできないものを救い出すことができる。実際、現象の科学的認識の正当性を基礎づけることは、同時に、科学が〔現象という〕その領域を乗り越えることを禁止し、現象とは異なる実在それ自体を認識するのだという、わずかな権利要求でさえも禁止することになる。人間は自然の領域においては完全に決定されうる。しかしながら別の領域が残されている。それは自由の領域である。それについては、現象を対象とする科学は窺《うかが》い知ることができない。それゆえ、魂〔の不死〕についての心理学的言説に対する批判、および理論的な神の存在証明に対する批判は、ある明確な機能をもつこととなる。それは、自然主義的あるいは反有神論的な言説を不可能で不当なものにするのである。両者は、われわれの認識の諸条件を侵犯しているのである。

ところで、現象に釘づけにされた悟性が物自体を認識することができないとしても、しかしながら理性はそれを考えることができる。われわれが〔空虚な〕理論的思弁の側で失ってしまったすべてものは、実践の道において再発見されることとなろう。

こうしてカントは彼のプログラムの第一部を実現した。つまり場所を空けたのである。

3 実践という王道——われわれは、非合理主義のうちに投げだされないためにも、認識の権利要求のすべてを否定したわけではなかった。「信仰」へと向かうことは、それが真にそうであるものとしてとらえられなければならない。つまり、〔理性の放棄ではなく〕理性の勝利としてだ。とはいえ、この理性は実践の領域において展開するものである。それは「自由によって可能となるすべてのもの」を含む領域である。

この自由はなにに導かれるのだろうか。たとえそれが善のようなものであったとしても、外的な規範によってではない。また存在によってでもない。なぜならここではあるべきもののみが問題となっているからである。また感情や欲望によってでもない。それらは経験的客観性に属しているからである。また効用や成果によってでもない。ひとたび目的が固定されると、行為は手段となり、命法は技術的なものにすぎなくなる。外的な目的が存在する限り、命法は仮言的〔「もし……であれば、そのとき……せよ」という、前提条件に依存する命令法の命題形式〕であり、絶対的に命令することは決してできない。幸福が義務を形成することはできないだろうか。できはしない。なぜなら幸福はわれわれの自然な傾向性に属していて、ひとつの目的となるからである。さらに、自然の力が幸福をわれわれにとっての自然な目的にしていると仮定してみよう。その場合、自然は幸福にいたるための自然な手段をもわれわれに供給しているはずである。しかしそんなことはないのである。もちろん幸福はとるに足りないものではないが、しかし幸福は道徳法則ではないのである。幸福とは、われわれがコントロールすることのできない条件を必要とするものである。それゆえ義務はわれわれを幸福にするのではなく、ただ幸福に値するものにするばかりである〔『人倫の形而上学の基礎づけ』〕。

ただ定言命法〔前提条件なくつねに妥当する「……せよ」という命令法の命題〕のみが真に道徳的なものである。いかなる条件もなしに、義務によって行為しなければならない。決定論にしたがったわれわれの行為の帰結は、われわれの自由から逃れてしまうので、われわれの意図のみが道徳的でありうる。その場合、われわれの行為の動機はいかなるものだろうか。全面的に理性的な存在者の場合、法則が直接的に道徳的な決定をおこなうことになるだろう。しかし理性と同時に自然にも属している人間の場合、情念を抑制し存在を高めることを可能にするものが必要となる。このときの動因となるものが尊敬である。

尊敬は法則によって生み出され、その〔尊敬すべき〕対象は法則である。尊敬とは情動的（カントの用語では「感受的〔パトローギシュ〕」）ではないただひとつの人間の感情である。これは主観的には意志を決定し、客観的には法則によって決定されるものである。

世界のなかで、いかなる制限もなしに善とみなされうるものはなんだろうか。それは善意志である。意志は、意志の法則が自然によって決定されることなく、ただ実践理性のみに由来する場合に、自由なものとなる。しかしながら、あらゆる（感覚的あるいは現象的起原をもつ）内容からも免れるためには、法則は合理性の形式のみによって形成されなければならない。そこで、このうえなくシンプルな考えが提示される。すなわち、目指される行為が道徳的かどうかを調べるさいには、その行為の格率（法則）が矛盾することなく、普遍的法則となりうるかどうかを問うだけで十分だ、というものである（たとえば、返すつもりがないのに借金を申し込むことは不道徳であろう。なぜならその場合、借金という概念自体が矛盾してしまうから）。

みずからの行為の隠された動因を認識していないわれわれは、かつてこの世界に、ただひとつでも真に道徳的な行為がありえたのかどうかもわからない。しかしだからといって、このことは、すべての理性的存在者一般——目的それ自体であり、決して手段ではない存在者——に課される義務をさまたげるものではない。だからこそ、ひとは他者の人格と同様、自己の人格において、人間性を手段としてではなく目的として扱うように行為しなければならないのである（とりわけこのことが、自殺、奴隷、売春を禁止する）。人間はなにかの対価ではなく、絶対的に価値をもつものなのである。

義務の原則はいかなる外的規範への従属（他律）も排除するので、意志は自己自身の法則にのみしたがうことになる。つまり意志は自律である。そしてすべての理性的存在者が、そうした理性的存在者たちを目的として扱うことを課する同一の法則の主体であるゆえに、彼らは共通の客観的法則によって互いに結ばれている。これが目的の国を構成するのである。それゆえ、すべての理性的存在者の意志という考えは、普遍的立法を構成することになる。目的の国とは自由が実現するべき理想なのである〔『実践理性批判』〕。

4　要請と希望――そうである以上、人間の条件をより先に推しすすめることがわれわれに課されてくる。まずなによりも、合理性を拒絶するかもしれない人間という仮説上の想定は退けられる〔厳密に言えば、そのような人間は悪魔的である〕。〔そのような悪魔的ではない〕人間たちは、やはり自然と自由の対立を引き受けなければならない。なぜなら人間は理性的であり、なおかつ自然に属する存在者でもあるからである。われわれの条件はこのように分断されているので、われわれにとって、自然の世界と法則の世界の総合を実現するのは困難である。しかしながら、われわれがそれを希望することは禁じられているわけではない。同様に、幸福と徳の一致も、われわれには与えられていない〔むしろ反対に、この世界においては、不正や悪徳が報われていないだろうか〕。倫理的な徳とは最上善であって、幸福をそのなかに含む最高善〔欠けるところのない完璧な善〕ではない。そのように〔分断されたものを〕まとめあげることができるのは、ただ神のみであろう。

　それゆえ、実践〔理性〕の絶対的な要求がわれわれに課してくるのは、次のものである。魂の不死の要請〔なぜなら道徳的な進歩は際限なく持続することを必要とするから〕、神の存在〔自然の作者、目的の国の君主、至高なる裁き手〕、そして自由〔道徳の条件〕である。われわれはこれらの要請を認識できるのではなく、ただ信じ、希望するばかりである。こうして宗教の「真理」が再発見されることとなる。このような宗教の「真理」は、純粋に道徳的な次元に属するものである〔『たんなる理性の限界内における宗教』〕。

このような希望をもつことは、だからといって、空虚な飛躍を意味するわけではない。美についての経験、および自然の合目的性についての経験が、われわれに自然と諸々の目的とのあいだの歩み寄りを垣間見させてくれる〔『判断力批判』〕。しかしながら、人間に与えられているのは理性であって本能ではないので、人間の本当の居場所は自然ではなく歴史である。歴史においては社会性と暴力が絡み合っている。それゆえ自然は自分の目的に到達するために、あたかも歴史とその紆余曲折を利用しているかのようである。以上のような理由から、人間の課題とは、なんとかして目的の国へと進んでいくために国家の次元において普遍法へと高まっていく、ということになる。

Ⅲ ルソー

ルソー（一七一二〜一七七八年）は、啓蒙主義にとって周縁的な存在である。ジュネーブの職人の息子であり、独学で学んだルソーは、慣習にとらわれない生活を送り、社会を攪乱《かくらん》しつづけた。彼は科学や技術の進歩こそが道徳的進歩の鍵となるという考えを拒絶し、それにより「哲学者」たちから強い反感を買った。こうしてルソーは例外的な、独特の位置を与えられるようになる。ルソーはその敵対者たちと同じような問題を扱い、同じような主題（神、自然、自由、社会、幸福）に取り組んだが、彼らとは別の仕方で、別の論理にしたがってそれらを論じた。〔哲学者たちが〕機械論的なプロセスや構築——要するに諸々の媒介（médiations）——に魅了されているのにたいして、ルソーは直接性（immédiateté）の法則をうち立てる。これは原理および方法として機能することになる。

1　直接的なものの探求——現在の人間の状態を正しく判断し、それに治療をほどこすためには、人間の真なる自然本性を明らかにしなければならない。この自然本性はどのように見出されるのか。これがルソーにとっての根本問題である。これによってルソーは、従来の典型的な議論を彼なりの仕方で刷新することとなった。

困難は多大である。現在の人間は堕落し、倒錯している。異国の「野生のひとびと」もそれと変わるものではない。ひとが事実として確認しうるすべてのものは、歪められたものなのである。そうである以上、〔直接的な自然本性を発見するための〕よい方法とは、「あらゆる事実を退ける」ことである（『人間不平等起源論』序文）。まずは現在の人間を取りあげてみよう。そして次に彼から、非自然的なすべてのものを取り除くのである。そうすると、あとには自然な人間が残るというわけである。したがって、「野生のひと」とは、引き算によって生み出された「野生化されたもの」にほかならない。この結果は、自然人＋人為的なもの＝現在の人間、という等式によって表わされよう。以上の読解から、自然なものと人為的なものを理解することができる。しかしながら、ここでは明らかに全体がひとつの循環を形成している。この全体をひとまとめに受け入れるか、すべてを投げ捨てるかの二者択一を迫られることになる。この全体を受け入れるならば、すべての帰結が厳密に導かれることになろう。

異郷趣味《エキゾティスム》や歴史研究から提供されてくるのもただ、「人間は自然に人間であり（人為的に生み出されたものではない）、直接的に（社会などを経過せずとも）人間である」はずであるという思弁的な要請のための装飾でしかない。そこから帰結するのは、人間を非自然化し、非人間化する悪は外部から、つまり人為的なものから由来するということである。人間固有のものだと長く信じられてきたすべてのものを取り除かれた自然人は、孤独な存在者としてわれわれの前に現われてくる。家族もなく、国家もなく、（「自然の叫び」を除けば）言語もない。法もなく、無垢であり（善悪の手前にいるので、「善い」わけでもない）、そして労働とは無縁の存在である。人間はもはや理性的動物あるいは政治的動物ではないのである。非社会的で社会化しえないものであるとすれば、結局のところ、人間は他の動物と変わるものではないだろう。違うのは自由だという一点のみである。

〔自然人という〕フィクションを脇に追いやると、われわれは次のことに気がつく。この原初的な人間は、われわれのなかにいて、積み重ねられ堆積《たいせき》したさまざまな変形のもとに隠されたわれわれ自身である、と。それゆえ起源を本当に探しもとめるためには、個々人がおこなう〔自己のうちにある起源へといたるための〕苦行や〔起源の〕想起を必要とする。われわれの神話的過去という最も隔てられた場所は、われわれの内面性という最も深い場所なのである。このことは証明されるものではないし、論証されるものでもない。これは経験され、感じられるものである。直接性（自然な同一性）とは直接的に見出されるものなのである。

2　非自然化と疎外——聖なる歴史の代用品でもあるような、以上のルソーの議論は、起源となる自然の段階から非自然化の段階への移行を説明する。しかし〔非自然化という〕人間の「堕落」は逆説的なものである。実際、それはひとつの退廃であると同時にひとつの幸福でもある。『社会契約論』においてルソーは、「人間を永久にもとの状態から引き離し、愚かで視野の狭い動物から、知性的存在であり、かつ人間にした幸福な瞬間」（第一篇、第八章）に魅了されている。とはいえ、ルソーの学説のうちにはいかなる矛盾も存在しない。人間の進歩はみずからの不幸と切り離せないということを理解しなければならない。人間の「堕落」とは、人間性の発展のことなのである。

愛がそれを証している。動物としての人間は、生理的欲求と生殖にしか関心をもたず、幸福でもなければ不幸でもない。愛とともに――愛は決してひとを盲目にするものではない。むしろ逆である――人間は欲望に目覚め、選ばれているという感情に目覚める。愛は人間に途方もない喜びをもたらし、そして競合というつらい苦悩をもたらすのである。

このドラマは、他の人間との最初の出会いのときからすでに明らかである。実際、他者のまなざしは私の外見へと向けられる。そのさい、私の外見は私の存在から切り離され、私を《私にとっての私》と《他者にとっての私》に分割する。私の外見は、社会という人為的なものの領域のうちに完全に陥落するのである。要するに、他者の介在が私を〔私自身にとっての〕他なるものにするのであり、私を変質させ、私を疎外するのである(ヘーゲルにとっては逆に、他者の介在こそが人間固有の自己意識の鍵となる)。

存在におけるこの裂け目が悪徳の条件である。たとえば、私は嘘をつきながら誠実に見せかけることもできるし、有罪であるように見えて無実であることもできる。公的な評価こそが判断の基準となり、男女の関係は汚染される。こうして社会のあらゆる悪がこの裂け目から流れ出ることになる(規範や法までもが、悪をくいとめるよう努力することによって、かえって悪を繰り返してしまう)。

二種類の経験が疎外を具体化する。まずは衣服の出現である(「衣服もしくは住居をつくった最初の人……」『人間不平等起源論』第一部)。実際、その十全な意味における衣服(これは衣装(habit)であり、ライフスタイル(habitat)であり、慣習(habitudes)である)によって、人為的なものが自然にとって代わることになる。衣服は、あらゆる社会的な仮面をもちいて存在と外見の分裂を追認し、多様化するのである。

次に来るものは私有である(「『これはおれのものだ』と言うのを最初に思いついた人……」『人間不平等起源

論』第二部）。〔とはいえ、私有を問題にするからといって〕ルソーは私的所有を革命期以前に再検討したというわけではない。むしろ社会一般の組織化を問い直しているのである。社会の組織化によって、人間は他者を必要とするようになり、欲望し満足するために他者を経由しなければならなくなる。このような〔社会の〕構築は進歩の条件であると同時に、非自然化の条件でもある。こうした理由から、鉄と小麦が「人間を文明化し、人類を堕落させた」（『人間不平等起源論』第二部）と言われることになる。

それゆえ経済的な疎外は、一般化された疎外の個別的なひとつの契機にすぎない。富、権力、精神、美、武力、如才なさ、長所、才能のいずれが問題になったとしても、私は他者との欲望の競合のうちにみずからを見出す。私にとって他者の幸福は、「私の幸福の侵害」にさえ見える。

なによりも外見をもとめる富者が、自分の真の目的は権力であると理解するやいなや、政治的な領域がかかわってくる。そして、そこから次のような暴力が解き放たれることになる。それは、人間が滅びないためにはある種の契約が必要であると主張するものだが、しかしそれは偽りの契約なのである。その契約の核心は武力を〔権力者にとっての〕権利に偽装することであり、弱さを〔隷属するひとびとにとっての〕義務に偽装することなのだ。こうして、無秩序の支配が制度として確立されるのである。そこにおいてはあるひとびとが主人となり、残りのすべてのひとびとが奴隷となってしまう。

3　透明なものを探して──『エミール』の最初の一節が人間のドラマの要点を与えてくれる。「創造主の手をはなれるときにはすべてが善であるのに、人間の手にわたるとすべては悪くなる」。ただちに理解できることは、ここでは無神論が解決とはならないということである。なぜなら悪は人間に由来するのだから。それゆえむしろ問題となるのは、なによりも神と人間との根本的な関係を修復することで

ある。そしてすべてを修復するためには、神と人間の関係をすべてのものに適用することが問題となるのだ。このような試みは、それゆえすぐれて教育的なものである。

人間の真なる唯一の「務め」とは、自己の全能力を開花させて「生きる」ところにあるのだが、いまや人間が人間自身を窒息させ、疎外している（言語、道徳的規範、社会的規則、などによって）。そして障害は宗教において頂点に達する。「神と私のあいだになんと多くのひとびとがいることか！」と、サヴォワ助任司祭は叫ぶ（『エミール』第四篇）。ひとびとは「啓示された」宗教を設立し、神を偶像に、崇拝を狂信へと変えてしまい、「観念なき言葉」（「聖霊」、「創造」、「永遠」のような）を生み出し、馬鹿げた教義をでっちあげたのだ。ルソーは、神と人間のあいだに介在しうる言語は存在しない（それゆえ、啓示や神学なども存在しない）と想定しており、非自然化がおこなわれる舞台である歴史は、神と人間が関係する場所とはなりえないと想定していたので、このように批判するのである。彼にとっては、最終的に真理を露わにするためには、障害となる諸々の媒介物を取り除けば十分なのであった。そしてそのとき見出されるのは、真なる唯一の宗教とは自然宗教であり、真なる唯一の崇拝は心情の崇拝であり、真なる唯一の信仰とは、誠実な良心の善意にたいする信仰である、ということなのである。

「神聖なる本能」である良心こそが、まさしく道のりの終着点である。良心が本能であるのは、それが自然なものだからである。この本能が神聖なるものであるのは、自己と一致することが、神と一致することだからである。もはや外的規範にしたがう必要のない私の良心は、過ちを犯すこともない（「私が善いと感じるすべてのものが善いのであり、私が悪いと感じるすべてのものが悪いのである」）。こうして私の救済が描き出される。

「私は矛盾がなく、分裂してもいない。幸福であるために、私は自分以外を必要としない」。至高の享受とは、「自己充足」(『エミール』第四篇)なのである。
最終的には、道徳が宗教の真理であり、美学が道徳の真理であるということになる。

4 政治的生活——人間が自然のままでは社会的なものでもないならば、なぜ社会が存在するのだろうか。そして、どのようにすれば、人為的であることを避けえない社会が人間を疎外せずにいられるだろうか。

あらためてあらゆる事実を退ける必要がある。事実からはなにも導き出すことはできないのだ(いたる所で、抑圧や強者の「権利」、制度化された疎外を事実として確認できる)。しかしながら、人間が「自由なものとして生まれ」、かつ、社会が存在しているとすれば、次のことを認める必要がある。つまり、人間の生存を脅かす外的な状況こそが、自然が命じなかったことを人間に強いたのだ、ということである。

定義上あらゆる社会とは疎外するものであるということを認めるとしても、だからといって、社会を善いものにするためのいかなる方策も存在しないのだろうか。人間が「自分自身にしか服従せず、しかも以前と同じように自由なままでいられる」(『社会契約論』第一編、第六章)ような方策が存在するのではないだろうか。そのような方策こそが、契約である。

契約はたしかに疎外=譲渡(aliénation)であるが、しかしそれは「各構成員が自分のいっさいの権利とともに自分を共同体に全面的に疎外=譲渡すること」である。ここには逆説がある。それはオール・オア・ナッシングの理論を含んでいる。もしそれが全面的なものなら、疎外=譲渡は良いものである。なぜなら、いかなる個人も、他者にたいして行使すべき権力をもたないのだから(「各人はすべてのひとに自分を与えるから、誰にも自分を与えないことになる」)。〔契約を交わす〕すべての人間は臣民(sujet)となるが、しかしその同じひとびとが市民でもあるので、彼らは自分自身にしか、すなわち法にしか従属しない。この法はある特定のひとの法ではないのだから、万人の法である。自由契約から由来するこの法は、一般意志以外にその起源をもちえない。いかなる政治的理性であっても国家を創設することはないので、この一般意志は、いかなる規則や規範にもしたがうものではなく、自分自身の意志のみにしたがうものである。それは、そのつど、自分が望むことを望むものである。

ルソーはこの解決が満足いくものであることを示したが、しかしわれわれはその潜在的可能性と危険性を完全には汲みつくしていない。

なによりも、自然状態から社会状態への突然の移行は、すべてが一挙に生じた、ということを意味している。社会、人民、主権、国家、これらはただ名前と機能が異なるだけである。社会を形成するという方策のみが唯一可能なものなので、あらゆる正当な国家とは共和国であることになる（ただし、これは政府が民主的、貴族的、君主制的であることをさまたげるものではない）。過去のいつかの瞬間に、契約にサインした者など誰もいないのではないか、という反論がなされるかもしれない。しかし、国家のなかに住んでいるという事実が、契約を暗黙のうちに構成している。すでにその利益を享受しているにもかかわらず、この不可逆的な約束を破ろうとする者は、裏切り者となろう。そして人間の市民的な自由は、契約が交わされた以降は一般意志のうちに局在化されるので、もはや誰もそれに反対することはできなくなる。「自由であることを強いられる」のでなければ。たしかに、人民は一般的に盲目である。彼らは自分が望むところを知らないし、みずからの利益をわかっていない。だから、制度の外部に位置する人物――立法者――が世論に影響を与えることで、人民を正しい道へと導き、「いわば人間の自然本性を変化させ」、それを社会化することを試みる必要がある。諸個人の無条件な加盟を保証するためには、市民宗教——国家の宗教であって、国家的宗教ではない——が最後を飾ることになる。要するに、「公的救済」は義務であり、それと競合するいかなる機関（なによりも教会）も許容することはできないのである。

ルソーはその探求の終局にいたったわけではない。なぜなら、国家は人為的なものに従属したままだからである。そうすると、どのようにして自然との全面的な和解を考えればいいのだろうか。そのためには市民法が、その厳格さによっても自由を損なわず、悪徳を生み出すことのない、自然法のようなものになる必要がある（『エミール』第二篇）。「その場合、人間への依存はふたたび事物への依存となる。こうして共和国のうちに、自然状態のあらゆる利益と社会状態のそれとが結合される」。これは解決ではないが、のちのひとびと（ユートピア思想家たち）が選ぶことになる道の素描となっている。

ルソーは近代民主主義の父なのか、あるいは完全な全体主義の予言者なのか。この問いは絶えず繰り返されている。しかしそれを決する前に、彼の天才を賞賛しなければならない。

第五章　絶対と体系——十九世紀①

1　ドイツ観念論

啓蒙思想は、じつに整った建造物を遺産として残した。ひとつひとつのリアリティ、ひとつひとつの観念、ひとつひとつの機能がそれぞれ、しかるべく測量された全体のうちでしかるべき個々の場所を受け取っているような、そうした建造物だった。だが、まさにこのような細分化に抗して、こうした間仕切り・区別・限界づけに抵抗をして、新世代の作家や詩人そして思想家らの新たな波《ヌーヴエル・ヴアーグ》が湧きあがってくる。新世代の者たちが憧れてやまなかったもの、それは、古代ギリシアであり、全体の統一であり、宗教であり、こうしたすべてのかたちのもとでの絶対の探求《ルシエルシユ・ドウ・ラブソリユ》であった。

哲学はこの新たな波からインパクトを受け取り、哲学史上の傑作のいくつかがそこで生まれることとなる。それらの傑作は将来においても比類なき仕事とみなされつづけるだろう。ヘルダーリン〔一七七〇～一八四三年、ロマン主義時代ドイツの最も重要な詩人の一人〕、シェリング、そしてヘーゲルという名の三人の学生がテュービンゲンの神学校で出会ったことは、この時代を髣髴させる象徴的な逸話である。

さて、この時代の哲学は、観念論的《イデアリスト》であろうと欲し、観念論としてみずからを表明する。だがそれは、悲しき現実と手を切って理想《イデアル》を褒めそやすためではないし、ましてや、どっしりねっとりした「実在《リアリテイ》」

をたんなる言葉面だけの紙くずにしてしまったような抽象的「理念《イデー》」のうちに逃げこむためでも断じてない。ドイツ観念論はまさしく、そのような「理念」と「実在」とにたいして一挙に異議を申し立てることからスタートするのだ。理念と実在といった区別を副産物としてもたらすような諸々の事前の線引き、言い換えれば抽象化にたいして、異議を申し立てることからスタートするのだ。

抽象的なものは、それがもつ直接性（無媒介性）によって素朴実在論者を納得させてしまい、そうして思考のはたらきに限界づけをしてしまう。しかし、哲学は、その名に値する他のすべての学とともに、そのような硬直した不透明な実在なるものを拒否しなければならない。「精神とは否定的なものである」と、ヘーゲルはわれわれに思い起こさせる。哲学が観念論的であるのは、哲学が有限なものを、真なる・絶対的な・非被造的な・永遠的な・究極的な実在とみなすことを拒否するからである。「あらゆる真の哲学は、それゆえに、観念論なのだ[1]」。したがっていわゆる「実在」なるものは、全体のうちなる一契機でしかない。真理とは、根源的に、思考と存在との同一性であり、自己による自己の反省である。哲学は再び、絶対者についての知となりうるのである。

（1）巻末参考文献（原註による）【1】。

ヘーゲルがおこなったとっつきやすい命名にしたがうならば、フィヒテの主観的観念論、シェリングの客観的観念論、そしてヘーゲルの絶対的観念論があるということになる。

フィヒテ（一七六二〜一八一四年）はカントの延長線上に位置しようとするのだが、しかしフィヒテは次の重要な契機をカントが見落としていたとして批判する。すなわち、自我と非我との対置から、自我を定立する行為〔事行《じこう》〕が帰結してくるということをである。自我はみずからを定立し、かつ自己意識となるためにみずからをみずからにたいして対置〔反立〕するのである〔フィヒテの前期思想〕。神的存在の無限な生が、こうして有限な自我のただなかに見出され、現われる。だが、知と存在とはたがいに統合されてはいない。神的存在は認識されることはできず、ただ愛において体験されるのみなのである〔フィヒテの後期思想〕。

シェリング（一七七五〜一八五四年）は、著書『超越論的観念論の体系』でその名声を確立するのであるが、彼の哲学の出発点とは、あらゆる限定された存在者からの、あらゆる有限な知からの脱却であった。A＝Aという同一性（ないしは、主観と客観との同一性）のもとに、固有の自己肯定をもち必然的に現実存在するなにかが存している――それゆえなにかというより誰かである。つまり神だ。根源的には、《自然》の真理とは《思考》なのであり、《必然性》の真理とは《自由》なのであり、そして《自由》こそが最終的には哲学者にとっての真の対象なのである。《自然》は可視的な精神であり、精神は不可視な《自然》である。生命はそれに特有の仕方で精神を証言し、《自然》の自由を表明する。実証的・客観的諸学は《自然》の石化した死骸にしかかかわっておらず、その根底へと立ち戻るということを欠いているのだ。実在とはしたがって第一には、絶対者（神）のただなかで、自己・主観・客観の絶対的力にして絶対的知である神のただなかで演じられる、ひとつのドラマなのである。神はわれわれにたいして《自然》として現われるか（《精神》の疎外の帰結）、もしくは、宿命として現われるのだ（《歴史》による《精神》の自己自身への還帰）。

II　ヘーゲル

ヘーゲル（一七七〇～一八三一年）は、シュトゥットガルトで生まれ、ベルリン大学で教授としてのキャリアを終える。まさにそのベルリンにおいて彼は絶大な名声と威光を放った。

1　**哲学と体系**――どのようにしてひとは哲学することを開始できるのか？「なにを」、「どのように」知りうるのかを自問することによって、哲学する以前に、あるいは哲学するために、ひとは哲学について問いたずねる。しかし、そのように問うことによって、ひとは前もって絶対者と認識とを切り離し、方法と内容とを切り離してしまっているのだ（水に入る前に泳ぎを習おうとするようなものだ、とヘーゲルは喝破《かつぱ》する）。この事前の切り離し、分離が、あとに続くすべてを危うくする。実証科学ならば、その対象が必然的ではなく偶然的である（経験のうちで与えられるデータ）から、さまざまな外的な手続きを採用することができる。哲学はそうはいかない。哲学は必然的諸対象を要請するものであり、そしてそれゆえ、みずからの内容の形式以外のものをもちえないのだ。

他方で、いかなる哲学も諸々の前提なしにすますことはできない。諸前提が定立され証明されるためには、最初においては推定されていたものが、帰結したものとなる必要があるのだ。

以上のようなことが可能であるのはただ、哲学がひとつの円環をなす場合にのみである。というのも、円周をぐるりと走破すれば、同じ点にもう一度たどりつくのだから、円周上の任意の点はどれもひとつの「始まり」であると同時にひとつの帰結でもあるわけだ。別様に言うなら、哲学は体系であるか、それとも哲学など存在しないかの、いずれかなのだ。「体系なき哲学などというものは、なんら学的ではない」（『エンツュクロペディー』第十四節）。

2　哲学と宗教——人間はひとつの思考する存在である以上、哲学はなにより第一に、この世で最もシンプルな「思考による対象の考察」である。どのような対象か？　それは有限なもの、無限なもの、神等々についての表象が、思考にゆだねてくる諸対象である。

ところでこれら諸対象は、宗教と共通のものである。これが、哲学と宗教とは同一の内容をもつ、とあえて断定すべきゆえんである。このテーゼは、ある特定のタイプの絶対者のみが哲学を可能にするということをふまえるならば、納得のいくものとなろう。なぜなら、その絶対者とは真理と言語のことであり、そしてまさしくそれは、キリスト教という宗教の根底に存するものなのだから。

哲学的言説のもつあらゆる困難は、絶対者を還元し切り詰めるさまざまな先入見的概念化から由来する。そうした概念化にしたがうと、絶対者とは、未規定的で、認識不可能で、語りえないもので、《自然》とも《歴史》とも異質なもの、顕現することもみずからを言明することもできないものであることになってしまおう。キリスト教も、それが昏《くら》く、非合理で、分節不可能な信仰の名のもとに理性を拒絶するようなときには、完全な矛盾に陥ってさえいる。そのような信仰は自分がなにを信じているのかさえ知らない。まるでその信仰をささえているはずの神が、みずからを人間たちに開示しなかったかのように。つまり、受肉した《御《み》言葉》としてみずからを顕現させなかったかのように。

では、もし内容が同じであるというのなら、宗教と哲学とのあいだにはいかなる相異があるのか？

形式の相異である。宗教は表象であるにとどまるが、哲学は概念を要求する〔ヘーゲルにおいては「概念」ということにきわめて特異なダイナミックな意義が与えられている〕。言語《ランガージュ》というものは一つしかないが、二つの「国語《ラング》」があるわけだ。表象もたしかに知性に属するが、しかしそれは時間と空間に縛りつけられた主観性という重荷を背負ったままにとどまる。したがって表象の内容は、決してその形式と合致することがない。反対に、概念は固有の内容を生み出し、産出する。概念のうちに、概念によって、絶対者の絶対的言説が到来するようにするために、哲学者は概念に仕えるのである。

哲学とはそれゆえ、もはやプラトンがそう欲したような知への愛ではなくむしろ、現実的なリアルな知なのである。哲学のみが、十全な意味での学の名に値する。別の言い方をすれば、哲学とは絶対《精神》が言語のうちにみずからを与える形態以外のなにものでもない。「芸術と宗教との統一」〔『エンツュクロペディー』第五七二節〕として最終的に定義される哲学とは、直観〔宗教の全体はそこにおいて顕現する〕が自己意識的思考へと上昇することなのである。

3　絶対者の絶対的論理——思考するということを開始するにあたって、絶対的ロゴスのただなかでの存在・本質・概念のあらゆる諸々の規定の内在的産出を明らかにすることから始めるというのは、論理的《ロジック》である〔もっともなことである〕。宗教的に言えば、《論理学》とは「世界と有限精神とを創造する以前の神」を提示することである。哲学的に言えば、論理学とは「即自的かつ対自的な《理念》についての学」〔『エンツュクロペディー』第十八節〕である。

存在は『論理学』〔ここではヘーゲルの著作名としての『論理学』の意〕の最後の言葉ではなく、最初の言葉である。その直接的〔無媒介的〕な未規定性においては、存在は未規定な無と識別不可能である。規定は関係を要求する。換言すれば、本質（宗教的に言えば、神の三位一体の生）についての自己反省を要求する。絶対者は《主体》であると断定することによって、ヘーゲルは、非人格的実体としての絶対者（スピノザ）、恣意的なる全能者としての絶対者（デカルト）、そして諸規定の体系としての絶対者（ライプニッツ）なるものを一挙に退ける。絶対者の《生》は、《概念》のうちにみずからを現わすのだ。

神はあるひとつの概念なのではなく、厳密な意味における《概念》そのものである（《ロゴス》あるいは、《御言葉》）。《概念》は否定の否定であり、本質であり、自己による自己の定立である。したがって絶対的自由、他者を定立し、その他者を自己へと再び還帰させる絶対的自己-規定の作用である。われわれにとって、概念とはしたがって有限なものを切り離した無限なるものではない（というのもそのような限定があるのなら、無限者はまた別の有限者でしかないことになろう）。そうではなく、無限とは有限を包むものである。

これが、弁証法（「否定的に合理的なもの」）、すなわち、分離された諸要素がたがいに対立し、再区分し、対立物へとみずから転化する弁証法が、思弁（「肯定的に合理的なもの」）ではないことの理由である。思弁《スペキュラシオン》とは、理性がそこにおいて完全な実在として反省＝反映されるものである（スペクルム＝鏡）。ヘーゲルにとって、思考するとは推論することであり、そして推論するとは、第三項という媒介者によって二つの項〔格、名辞〕を連接することである。思考の形式はそれゆえ、卓越した意味で三段論法的なものとなろう。しかしこうして通常知られた論理学の形は越えられてしまう。実際、媒介が完全になるためには、当該の各項はそれら自体媒介されねばならず、こうして三重の三段論法が必要になる（A-B-C、A-C-B、B-A-C）。

4　絶対《精神》の構造と運動——『論理学』においてはひとはまだ、概念と客観性との統一性とし

て定義される絶対的《理念》のもとにとどまっている。完全なる体系（それは《論理学》《自然》《精神》によって成る）においては、《理念》は自己の外に出て、他者のうちへとみずからを疎外し、そして《精神》となって自己のうちに再帰する。したがって《自然》哲学は「その他性における《理念》の学」（『エンツュクロペディー』第十八節）となるはずであり、《精神》の哲学は、「他性から自己自身へと還帰する《理念》の学」となるはずである。

こうした構造構築の鍵は、神学的性質のものだ。《父》は《息子》をみずからの他者として産み出し、そして《聖霊（精神）》の調停的運動によって《息子》をみずからのうちに再回収する。われわれの被造的世界は《理念》の外化運動から帰結したものである。《理念》の空間における疎外化が《自然》であり、時間における疎外化が《歴史》である。絶対的《理念》はロゴスとしてみずからを思考し、みずからを疎外し、そして最後に《精神》としてみずからを完成する。即自的には〔それ自体においては〕、絶対《精神》はつねにすでに永遠に和解している。しかしながら、《自然》と《歴史》という観点から考察された場合、絶対《精神》は、みずからの内的運動を構成する諸形態に生気を送り込みつつ、自己を探求していく途上にある。この緊張状態こそが、われわれ人間がおこなうべき冒険、人間としての諸々の仕事のための場をつくりなしている。だが《歴史》が、おのが道を進みいかざるをえぬ一方で、哲学はつねにすでに可能である。なぜなら哲学は、永遠に実在的な、《精神》の《理念》をとらえているからである。

人間的意識の道のりは（歴史学的とも論理学的とも別の）現象学的記述の対象となる（以下、『精神現象学』の概要）。意識が探しもとめる真理とは決して等しくならない諸々の確実性〔確信〕を継起的に経由しながら、意識はさまざまな形態（意識が採用し、ついで放棄し、乗り越える、諸々の典型的な個別のかたち）を次々と通過していく。それは懐疑と絶望に充たされた弁証法的道のりであり、そこでは媒介と和解はいつも欠けてしまっているのだ。

有名な主人と奴隷の弁証法が、このプロセスをよく例示してくれる〔『精神現象学』前半のクライマックス〕。欲望する存在として、人間が承認されるためには、そして自己意識に到達するためには、他人を経由しなければならない。おのおのの者が同じこと〔承認されたい、自己意識を獲得したい〕をもとめているがゆえに、承認をめぐっての死を賭する闘争がそこから帰結してくる。その闘争においては、究極的なリスク〔死〕を恐れず引き受けた者が、動物のようにただ生きながらえることを選んだ者〔奴隷となる〕にたいして、勝利をかちとる〔主人となる〕ことになる。だが奴隷は、享受者となった主人にたいして、強いられるがゆえに、言語へのアクセスを獲得し、また労働をとおして自然の事物を統御する力を獲得することができるようになる〔そしてそうした奴隷の労働能力に、主人は依存し従属していく〕。そして、主人の座を奪うのである。

他方、キリスト教の啓示では、この順序は逆になる。その場合には、絶対的真理は人間たちにゆだねられ渡されるのだが、それに対応する確実性〔確信〕のほうは欠如している。われわれはこうして「不幸な意識」のかかえる内的分裂に居合わせる。「不幸な意識」は、無限への憧憬と、直接性への執着とのあいだで、引き裂かれ、葛藤しているのだ。真理と確実性とが合流するためには、意識が絶対知へと到達しなければならない。絶対知とは、概念化作用と直観作用とが同一になる場である。この〔『精神現象学』がさまざまな形態を踏破していったのちの〕最終形態としての絶対知――多くの論争がこれをめぐって惹き起こされることになる――は、〔宗教的〕至福のヴィジョンの写し絵であり、その射程は終末論的なものとなる。

5 《精神》の歴史的展開——以上のような学説は、《歴史》哲学を基礎づけるものである。《歴史》とは、われわれにとって、《精神》がみずからの再把握へといたるための移行の場なのである。

この《歴史》は、歴史家の歴史〔実証的な歴史記述〕、すなわち過去の事実に釘づけになっている歴史ではない。ましてや、諸々の出来事に眼を奪われ、その言いなりになってしまっている思考が、〔灰色のうえに灰色を塗り重ねて〕描き出すものでもない（そういうわけだから、ミネルヴァの梟《ふくろう》は黄昏になるまで飛び立たない〔形式的な理論は、生気の抜けた出来合いの現実をあとから追っているにすぎない〕」、と言われうるのだ）。われわれは《歴史》の進行のなかに埋没している限り、《歴史》の「意味」を暴きだすことはできない。というのも、《歴史》は、人間的行為の動因をなしている偉大なる諸々の情念を、みずからの目的到達のために仕えさせるのだから。それが、「理性の狡知《こうち》」なのだ。

哲学者ヘーゲルにとって、《普遍史》とは「理性の顕現」にほかならない。だからこそ《普遍史》は、具体的歴史の生地を織りなすために、必然性にみずからを巻き付けていく《自由》の《歴史》なのだ。普遍史は法廷である。《精神》の個々別の実現のおのおのは、《精神》が完成させる全体によって判断され＝裁かれなければならないからである（ただしこれは、世界史の進行を終結させるということをともなうのではまったくない）。

その普遍性においてとらえられた理性は、国家へと移行していく。国家の課題＝任務とは、自由を実現することであり、そして自由は法の基盤として働く。歴史的に存在するすべての国家は、それが国家である以上、程度の差はあれ、こうした即自的合理性に則《のっと》るものである。意志の恣意性に則るものではない（ルソー）。自由は、主体の意志が義務のための義務ばかりを追いもとめるような（カント）「主観的道徳性」の圏域を超え出て、「客観的道徳性」（それは「生ける《善》」である限りの自由の《理念》である）

の鍵となる。個別（個々人）・特殊（諸欲求の体系としての市民社会）・普遍（法）の和解を保証することで、国家は宗教を「実現する」――これは、教会がなす術《すべ》を知らなかったことである。したがって、本来そのものとしての国家は、終末論的次元を有する（宗教的用語では、国家とは《神の王国》である）。以上の諸条件をふまえる限りにおいては、ヘーゲル主義は議論の余地なくグノーシス主義の強い痕跡を帯びている。

ヘーゲルのこうした歴史論、国家論は、多くの論争を巻き起こした。『法哲学の要綱』でヘーゲルは、「国家とは、現実的形態および世界の組織へとみずからを展開する、現実に存在する精神としての神の意志である」と宣言した。つまり、ここで問題になっているのは、しばしば言われてきたのだけれども、プロイセン国家を絶対視することではない。ヘーゲルにとっては、世界国家こそが真の意味での国家である。われわれの歴史の具体的進行においては、国家は、特定の一国民にしか、特定の一瞬間においてしか、受肉することができない。《精神》と同様に、国家は存在し、かつ、存在しないのだ（「時間のうちで生み出されるといえども、《憲法》は非被造的（神的）である」と、ヘーゲルは述べている）。もし、君主政（王の単一性）、貴族政（政府の特殊性）、民主政（立法の普遍性）を和解させるような政体《レジーム》が、国家なるものの合理性要求に最もよく応えうるものであるのだとしても、そのような政体を歴史上に実現することからは現実の国家はあまりに遠くへだたっている。われわれ人間の歴史にあっては、むしろ諸欲求の体系（それゆえ経済）こそが、最も大きな場所を占める傾向にある。そのことで理性はおおいに損害を蒙っているのだ。

Ⅲ　キルケゴール

キルケゴール（一八一三〜一八五五年）は、メリヤス業者として成功し財をなした父親のもとに生まれた。この父は自身の罪責の感情に苛《さいな》まれている人物であった（若き日に神を呪い、家政婦と二度目の結婚をし、そして何人もの子供と死別した）。キルケゴールの生育環境は、宗教的ドラマの雰囲気のなかにあった。母の死と、レギーネ・オルセンとの婚約破棄（キルケゴールの人生と思想における最重要事と目されるが、破棄の経緯・理由は謎が多くさまざまに推測されている）とが、生と思弁的思考とのあいだの隔絶を彼に悟らせることとなった。

人間と絶対者との関係という事柄を動揺させ、実存する主体というものに新たな位置づけをあたえることで、キルケゴールはヘーゲル主義にたいするまったき対立軸となった。この一八〇度の方向転換は、膨大な反響を、長く以後につらなる哲学者たちの系譜に——無神論的な者にも、そうでない者にも——およぼすことになるだろう（とりわけヤスパース、ハイデガー、サルトル、マルセル）。

1　絶対的賭け——なぜ哲学するのか？　知るために。ではなぜ知るのか？　『哲学的断片への結びとしての非学問的後書き』（キルケゴールの最重要著作のひとつ）においてキルケゴールは、ある墓地で、亡き息子の（死後の）救済に不安をおぼえて絶望しているひとりの老人を目撃したことを物語っている。おそらくは「信仰を出し抜こうとするたぐいの知恵」によって堕落の道をたどったこの息子は、本質的なことを忘却してしまっていたのだろう。すなわち、実存と内面性とを。

哲学は私にひとつの真理を提供してくれるだろうか?、私を生かし、そして救うものであるような真理、私にとって重要である唯一の真理を、提供してくれるだろうか? この関心は無限なものである。というのも、相対的諸目的には相対的にかかわるべきだとすれば、絶対的目的〔至福〕には絶対的にみずからをかかわらせるのでなければならないからである。

なるほど、ソクラテスのすばらしいやり方というものがある。だが、彼は伝達する術をまったく知らなかったから、ソクラテスはただ弟子が自分のうちにもともともっている真理の産婆となることしかできなかった。

ソクラテスにとっては、出会いの歴史的瞬間はなんらの重要性ももたなかった。なぜなら、真理はつねにすでにそこにあるものだからである。しかし、キリスト教が示すように、もし《永遠》が時間のうちに現われるとすれば、まさしく反対に、出会いの歴史的瞬間は決定的な重要性をもつのでなければならない。自分がもたない真理を自分のうちに発見することができないので、弟子は自身の師の真理を受け取るしかない。罪——神を拒否した自由の自殺的行為——によって非‐存在となっている以上、弟子はまず第一に再生し、再創造される必要がある。神、すなわち救い手のみが、このようなことを実現しうる。ソクラテスにはできないのだ。

だが、そうした真理はなんらかの知として与えられることはできない。歴史的証言〔福音書〕を経ることによって、この真理は客観的には近似的なものにはなる。しかしこの真理に到達するためには、信仰の飛躍がなされなければならない。

絶対知などというものは存在しない。定義からして、思考は実存を包摂することができない。実存はまさしく思考を存在からラディカルに切り離すものである。思考者〔思想家〕は実存者と別のものであってはならないから、だからあのヘーゲルは、体系の歴史的‐世界的思考者は、コレラで死んだのではないか！〔ヘーゲルが死んだ時期は、世界史上のコレラのパンデミックにあたる〕この矛盾は喜劇的である。くわえて、最初におかれた諸前提が最終的に定立されるためには、体系が完成される必要がある。しかるに、体系はいまだに終結を見ていない……終わりを欠いた体系は、始まりももってはいない。自称体系とかというものは、そもそも存在してさえいないのだ！

2　真理の自己化――真理は客観的でなければならないという発想は、常套句になっている。しかし、もし言説は客観的になりうるのだとしても、言説を受け取る個人のほうは、客観的なものにはなりえない。真理というものを構成する逆説とはまさに、この真理と、確実性をもとめる主体性とのあいだの関係のことである。真理が主体的なものとなり、私を導きそして私を生かすものとなるためには、真理の自己化が必要である。真であることの尺度は、したがって、言われたことのうちに存するのではありえず、まさに言われる仕方のうちに存している。

ヘーゲルは、唯一の可能な反省とは言説の言説自身にかんする反省であると信じていた。彼は、客観的言説が個人と個人のあいだで伝達《コミュニケーション》の障害をなすことを見ていなかった。この欠陥を修正するためには、言われたこととそれを言う者とのあいだの関係を確立する必要がある。それが二重の反省の原理であり、そしてこの原理は間接伝達の鍵である。間接伝達のみが自己化を可能にする。まさにソクラテスとキリストはそのようになしたのだ。それゆえ哲学者は、たんに自分が誰かというだけでなく、自分がどのような者であるかということを露わにするために、みずからの言説になんらかの美的形態を付与し駆使せざるをえなくなるであろう〔キルケゴールがさまざまな偽名でさまざまな文章形態の著書を世に出したことは、彼の「間接伝達」の思想とかかわっている」。哲学者の文体はもはや思弁的思想家のではなく、芸術家の文体になる。

3 実存の諸段階

——実存は体系をなさない。そうではなく、実存者の絶対者にたいするかかわり方の変化に応じて、実存はさまざまな典型的な様式〔生き方〕をとり入れるのである〔以下、「実存の三段階」の説明〕。

美的段階においては、ひとは永遠を瞬間のうちで知覚するが、しかしひとは瞬間にとどまり、刹那的に瞬間から瞬間へとわたりゆく。そのつどの瞬間からあらゆる可能性を暴きだし、味わい、享受するが、そこにはいかなる連続性もない。

誘惑は、したがって究極の芸術であることになろう。誘惑者は運命のギャンブルに戯れ、愛を賭け、経験を重ねる。しかしこの実存は、他人との関係、より正確には擬似的な関係ごっこという、あいまいな可能性のレベルとどまった実存にすぎないものだ。

可能的なものを現実的なものよりも上の位置に置くがゆえに、哲学は美的なものを越えることがない。美的なものを脱するためには、ソクラテスという範例にならい、イロニーを実践する必要がある。イロニーは、享受し愉《たの》しんでやろうとするうぬぼれと、このうぬぼれが経験が増すたびにつのらせてゆく絶えざる不満足とのあいだの矛盾を、露呈させる。

倫理的段階において、個人はみずからの実存への情熱的な関心をはっきりと認め、〔あれかこれかの〕選択ということを真剣になすことができるようになる。ここにおいて、現実性は可能性よりも高次となるのだ。

「可能性の甘くふわふわしたブリオッシュ」をむさぼっている婚約のアマチュアにたいして、結婚の英雄が対置される。この者は、獲物のように捕らえたのではなく、贈り物のように受け取った一人の女性への愛を〔現実性として〕守り抜こうとする意志をもつ。結婚は、愛の変容であって、愛の消滅ではない。なぜなら結婚とは、自由と、自然の法則と、創造者の秘《ひそ》かな意志とを収斂させるものなのだから。

しかしながら、個人はなお、現実的自己と理想的自己とのあいだで引き裂かれたままにとどまっている。美徳は不幸を妨げない（ヨブ〔旧約聖書「ヨブ記」の人物〕）。ここでは、次の段階へと向かう急展開はユーモアによってなされる。ユーモアは、時間と永遠とのあいだの無限なる隔たりに依拠するものであり、イロニーにはなかった、隠された苦しみと共感とを匿《かくま》っている。

最後に、宗教的段階においては、《他者》〔神〕の現実性にたいする信仰者の無限な関心が現われる。《他者》の超越性が、内面的実存を供給するのである。

ここに躓《スキャンダル》きがあるのかもしれない。神がアブラハムにその息子イサクを犠牲にするよう要求したとき、アブラハムは殺人を禁じる道徳と矛盾する状況におかれた〔旧約聖書「創世記」二十二章〕。アブラハムは不安をおぼえる。しかし彼はあきらめ、甘受することを無限に貫きとおすことで神に服従する。そして刀が振りおろされる最後の瞬間に、神は犠牲をやめさせる。イサクは救われたのだ。なぜならば、アブラハムが不条理なることを信じたからだ。

アブラハムは、おそれとおののきのうちにみずからの救済をもとめた信仰の英雄である〔『おそれとおののき』はキルケゴールがこのことを論じた著作名〕。それにたいして、アガメムノン〔ギリシア神話の人物〕は悲劇的英雄でしかない。というのもイフィゲネイア〔アガメムノンの娘〕の犠牲が惹き起こすドラマは、個人としたがうべき掟とのあいだの葛藤のみを表現するだけだからだ。

宗教的人間にとっては、内面こそが外界よりも高次のものとなる。これが、《信仰の騎士》が普通の凡庸な人間と似て見えること、妻がつくってくれたちょっとしたおいしい手料理のことを考える小市民と似て見えることの、理由である。彼は直接性を見出したのであり、それは美的段階におけるのとは似ているようで異なる、ひとつの高次なる直接性なのである。

第六章　哲学の外部──十九世紀②

I　新しき絶対者（フォイエルバッハ、コント、シュティルナー）

ヘーゲル以降、もはやなにものも以前と同様ではありえない。彼は頂点であると同時に、乗り越えがたきハードルとなったのである。ところで、哲学そのものを大きく動揺させることなく、ヘーゲル主義を拒絶し、転覆させることなどできるだろうか。哲学が形式と内容の必然的な連関を強いるならば、これから現われようとする諸々の学説は、不可避的に哲学を疑問視し、問いただすことになろう。

フォイエルバッハ（一八〇四〜一八七二年）がここでの第一の証人である。彼は宗教の形式が、人間と神を緊密に結びつけたものであることを示すことによって、ヘーゲルの主張を裏づけたのであった。これ以後、古典的な反‐有神論者が素朴に信じていたように、神は存在しないと宣言し、宗教を除去すれば人間性が促進されるのだと考えることは不可能となる。しかしながら、ヘーゲルが神、すなわち絶対精神のためにおこなったことを、フォイエルバッハはヘーゲルを逆転させて人間のためにおこなったのである。これはヘーゲルの足どりをたどり直すことに通じることとなる（『キリスト教の本質』〔以下この著作の説明〕）。

まず神を第一のものとして立て、ついで創造された《自然》を第二のものとして立てるのではなく、《自然》から出発して、〔そこから〕神が生み出されるのだということを理解しなければならない。たしかに、ここには不均衡を見いだすことができよう。というのも、神は無から人間を創造するのだろうが、しかし人間は神にたいして同じようなこと〔無からの創造〕をおこなうことはできないからである。根底で働く《自然》はそのなかに含まれる以上のものを産出することはできないので、そうである以上、《自然》のうちには、神の第一質料となるような、なんらかの神的な領域が包み隠されているのでなければならないことになる。それをどこに見いだせるだろうか。有限で制限された個別的な人間のうちにではない。そうではなく、そのように限定されているものではない、人間の類〔類的存在としての人間〕のうちに見いだすべきである。そのとき次のことが理解できよう。無限者の欲望は、実際のところ、欲望の無限性に支えられており、無限者の意識とは、人間的意識の無限者の意識〔人間的意識が無限者を意識すること〕にほかならないということである。

　全体的な過程は三つの契機を含んでいる。第一の契機では、人間は自己から自己固有の〔神的〕本質を外化し、それを絶対的な対象、すなわち神へと仕立てあげる。第二の契機では、人間は自己の対象の対象となり〔人間は自分の本質を対象化した「神」の、さらなる「対象」となる〕、それ〔対象の対象＝人間〕を崇拝し、そこにあらゆる自己満足をもとめる。第三の契機では、〔宗教の〕批判をおこなうことによって、人間は自己の疎外化された本質を再びみずからのものとし、次のことを見いだすことになる。すなわち、言葉こそが神的なものであり、真の崇拝対象《カルト》とは文化《キュルチュール》であるということ、つまり、真の宗教とは人間の宗教である、ということである。

　こうして、こんにちではすでに確立された《文化》についての学説の母胎が姿を現わす。ここで主張されているのは、世界のうちに存在するすべてのものは人間の生産物であり、それは最終的には《自然》に関係づけられるということである。ひとはもはや神を否定し、宗教を拒絶する必要はない。ひとは宗教の意味をもとめるのであり、人間を再発見するためには宗教の意味を解釈すればよいのである。《文化》は宗教の形式を保つことによって、宗教の代わりとなるのである。

同時に哲学も転倒させられる。哲学は「偽装された神学」であることをやめるだろう。哲学はその批判的機能によって無神論となり、人間を肯定することによってヒューマニズムとなるのである。真理はもはや神のうちにあるのではなく、人間のうちにある。そして対話が合理的思考の源泉となり、合意が真理の基準となる。合意の究極的な尺度とは、人間の類的統一である。哲学は、諸々の自然科学につけくわえられ、その「非哲学的本質」へと差し戻されることになろう。こうして哲学は「現実化された」、とフォイエルバッハは主張するのである。

マルクスが指摘するように、この学説は、われわれを古典的自然主義に閉じこめたままである。論理-自然-精神というヘーゲルの系列が逆転され、フォイエルバッハの場合は、自然-論理という系列になる。しかしこれは歴史を排除してしまうものであるのだ。だからこそ、マルクスはフォイエルバッハの果敢な批判的試みを賞賛する一方で、彼にたいしては非常に厳しい評価をおこなった。すなわち、〔フォイエルバッハの場合のように〕もし人間が自然本性的な本質をもっているとするならば、人間は労働によって生み出される歴史的存在者ではないことになる。そのため、〔フォイエルバッハにおいては〕想像的なものの批判は、それ自体想像的なものにすぎないのだ。〔マルクスによれば〕「哲学」は実践のうちに実現されることをつねに必要としているのである。

コント（一七九八〜一八五七年）は批判を説いたのではなく、体系を発展させた。体系の機能とは、あらゆる領域における人間性の段階的制定である。フォイエルバッハと同様に、コントはただ否定ばかりする者をしりぞけたが、無神論を主張する「一貫性のない神学者たち」にたいしてはよりいっそうの批判を向けた。彼らは神を他の絶対的なものによって置き換えただけであり、絶対的なものが相対的なものの総体でしかない、ということに気づいていないのだ。それにくわえて、宗教が――哲学のように――まさしく人間が生み出したものであるとすれば、宗教を理解するためには、人間の精神が通過するはずの諸段階においてそれをとらえなければならない〔以下、コントのいわゆる「三段階の法則」の説明〕。

第一の神学的段階においては、人間の精神は「なぜ」という解きがたい問題に答えるために、虚構的な存在〔「神々」などの人格化された「原因」〕に訴える。第二の形而上学的段階においては、人間の精神は、諸々の精神〔「原因」となる虚構的な人格的存在〕にたいして、抽象的なもの〔「本質体」〕〔あるいは抽象的な「存在」〕をとって代える。これは最も一般的なもの、すなわち《自然》に従属するものである。最後の実証的段階においては、人間の精神は絶対的なものではなく関係を探求し、原因ではなく法則を探求する。そして「どのように」という問題にのみ専心するのである。

全体はすでにそこにあり、低次のものが高次のものを支えているのだから〔生命が社会を、生物学が社会学を支えている〕、客観的総合――もっぱら対象や世界を取り扱うもの――の試みは正当である。それは存在の諸条件を探求するものである。しかしながら、もしひとが全体を存在の諸条件へと還元することができると思い込むと、そのような客観的総合の試みは〔閉ざされ、完結した〕総体的なものとなってしまう。だから、別の総合を打ち立てなければならない。それは主観的総合である。それゆえ実証主義は科学主義を拒絶するのである。

絶対的なものは関係のうちにあり、人間は社会的存在者なのだから、探求するべきは《人間性》（コントはそれを《偉大な存在》と呼ぶ）以外にはありえない。《人間性》を中心にして、望ましいもの、認識しうるもの、なしうるものといったすべての主観的総合がなされるのである。《偉大な存在》とは意識ではあるが、特定の誰かではない。つまり、それは主観的なものではあるが、主観ではない。過去、現在、未来のすべての存在者たちによって構成された《偉大な存在》は、それを崇拝する者たちの全体によって構築される。それはつねにより先へと続き、つねにより多くのものをとりまとめる。それは社会の課題なのである。

哲学的言説は一時的な中継点にすぎないものであり、他に場所をゆずらなければならない。社会学（コントによって打ち立てられた）こそが、社会的な人間の認識と「精神の再生」という使命を引き受けるものとなる。とはいえ、社会学は最終的な基礎的学問ではない。社会学は、人間学を形成するために、生物学と道徳のあいだに位置している。人間学が完成したとき、ひとは調和を実現するために行動を調整することができるようになるだろう。そうしてひとはある種の宇宙的友愛を見出す。それは植物、動物、自然環境にまで拡大されるものである。社会統治が生物統治の条件となろう。

それゆえ実証主義は必然的に、政治と宗教へと通じる〔後期コントの思想である「人類教」〕。全体的な社会存在の神性は、聖性の汲み尽くしえない源泉であるのだから、ひとは人間性の属性を崇拝対象に仕立てあげることができよう。

実証主義の〔「人類教」といったかたちでの〕崇拝がときに常軌を逸したものであるからといって、本質的なことを見誤ってはならない。本質的なこととは、あらゆる領域において人間性を促進することである。哲学は教養に対応し、政治は政体に対応し、宗教は国家の崇拝に対応している。人間性は直接的な所与ではなく、際限なく先へと延期されるものであるから、自然は歴史に場所を与えるのである。歴史は精神の発展（三つの段階）の法則にしたがうものである。ここから、（実在的なものの先取りとしての）ユートピア、および（意味の定立を可能にする）あるべきもの（devoir-être）に与えられた役割が生じる。しかしだからといって、歴史的なものは、いかなる無秩序をも導入するものではない。進歩とは秩序の発展にほかならないのである。コントはみずからの信条として、二つの言葉を銘記した。「体系」とは「完全」である。

シュティルナー（一八〇六～一八五六年）は、次々と生じてきた〔解放の運動の〕再編成と完全に手を切った。それは彼にとっては宗教のさまざまな変容以外のものではなかった。すなわち、ひとびとは神から解放されたのだと信じても、結局のところ《人間性》、《国家》、《法》、《社会》、《労働》、《大衆》といったものの支配下に陥っているのである。それらは神の代替物にほかならないのだ。「神」という名は取り除かれても、事柄としては残存するというこのプロセスは構造的なものである。ある理念に身を捧げるということ、ここに聖職の核心がある。みずからを低めるこの献身は、人間が自己自身になること、すなわち実存する単独の個人となることを妨げる。《唯一者》のみが真なる人間なのである。〔「唯一者」でなければ〕ひとは疎外を取り除いたと思い込んでも、じつのところ解放の幻想を抱きつつ、別のものに疎外されているだけなのである。フォイエルバッハおよび自由主義者、ヒューマニスト、社会主義者、共産主義者といった誰もが捕らわれているのだ。「われわれの無神論者たちは、信心深いひとびとである」（『唯一者とその所有』）。

この論理は容赦のない厳格さをもつ。すなわち、人間であること（あるいは別のものでも同様だが）は、自我であることと対立する。二つのうちのどちらかが余計なのである。もし私が自我でないならば、それがなんであれ、私以外の他者が自我であることになる。それゆえ私は、私の力が許す限り、自我の「所有人」になる必要がある。私の力のうちにあるものを、私は所有する。平等ではない者たちのあいだで成立する高次の平等において、無比のエゴイストである唯一者たちが、それぞれの手段にしたがってそれぞれのものを所有するのである。解放でさえも余計である。反人間主義的ニヒリズムを経由する必要があるとはいえ、解放には「救われたい」という欲望が隠されている。すべてのものから解放されているということは、すべてのものと、つまり快適なものとさえも、完全に手を切っているということなのだ。解放とは「ルンペン的」平等という普遍性をもとめる反逆した奴隷の考えである。それがどんなものであれ、私にとって異質な他者、聖なるものとなってしまう他者が存在するかぎり、私は創造することができないのである。

それでは、私はなににみずからを基礎づけるのか。まさしく、無にである。私とは神のような自己原因であり、そこから私がすべてを引き出すところの無である。私は混沌から自分を差別化することにより発生する。混沌においては、私は他のすべてのものと混ざり合っている。私は私固有の空間であり、私には規則も、法則も、範型もない。私の生に義務はなく、希望も、心配事もない。こうして享受の歴史が始まる。それは献身の歴史に対立するものである。所有するのか、所有されるのか。奉仕するのか、奉仕させるのか、ここに問題のすべてがある。個人とは唯一の汝《なんじ》〔他の唯一者〕に対面した唯一者である。彼は民衆、政党、国家を拒絶する。社会によって結ばれることのない二つのエゴイズムのあいだに関係を打ち立てることができるのは、ただ連合《アソシアシオン》のみである。愛でさえも私の所有である。すなわち、私は私のために愛するのであり、私はその対象になにも負っているわけではないし、その逆も同様である。考えることも私の所有である。言語は私の実在、つまり「生身の」私である文のうちに消え去る。それゆえ真理の最後の言葉は、「言葉は存在しない」というものである。この言葉の不在は最後の跳躍であり、そこにおいて私が炸裂する「歓喜の叫び」〔ドイツ語の原語（Juchhe）は「わあい」といった意味の感嘆詞で、シュティルナーにおいては、あらゆる思想から解放されたときに発せられる意味をもたない「歓喜の叫び」といったもの〕である。

シュティルナーは誰にも同化、吸収されえない。たとえ彼を引き合いにだすアナーキストたちによっても。なぜならシュティルナーはあらゆる忠誠を不可能としたからである。マルクスは彼を厳しく批判したが、シュティルナーはあらかじめそれに答えている。創造主としての人間というニーチェの考えのうちに、そのポジティブな展開をもとめることができよう。

II　マルクス

マルクス（一八一八〜一八八三年）は、ユダヤ人の家庭に生まれ、自由主義的プロテスタントに改宗した。彼は早くに大学での職を断念し、新聞や雑誌の仕事に従事した。そして政治的動乱のままに居を変えたが、エンゲルスの支援のもとでイギリスに落ち着いた。マルクスは第一インターナショナルの創設にも貢献した。

1　哲学の問題——マルクスの独自性は学派〔マルクス主義〕を形成することにもつながったが、その

第一の特徴は、哲学はもはや哲学的性質をもった問題ではないという主張に見出すことができる。

マルクスは自分がなしうる貢献はひとつの哲学を提示することではなく、新しい哲学の仕方を示すことであると宣言し、経済的、社会的、歴史的、政治的次元の問題に取り組んだ。あたかも哲学的言説が別の事柄にその場所をゆずりわたしたかのようである。

そうだとすると、マルクスを哲学者として読むことは可能だろうか。さらに言えば、マルクスを「読む」こと自体必要だろうか。むしろ彼の議論を、具体的な闘争の場面へともたらすほうが適切ではないだろうか。しかしながら、もしマルクスが哲学者ではないとしたら、つまり「マルクス主義」(より適切にはマルクスの思想)が哲学ではないとしたら、彼はいったい何者なのだろうか。経済学者か？　革命家か？　モラリストか？　ユートピア主義者か？　ある種の預言者か？　だが、ひとがマルクスの思想を用いるその仕方が明らかにしているのは、他のどんなものとも違う仕方で成功したひとつの哲学こそが問題になっている、ということである。

現実的なものを前にした思想の定立と、そのとき採用される言説の様態とのあいだには内的なつながりが存在するゆえに、あらゆる哲学は、哲学なるものについての哲学を含んでいる。そうであるとすれば、現実的なものを前にしたマルクスの基本的な態度のうちに、彼が哲学者であるのかどうかを解く鍵を探すべきである。というのも、たとえ反哲学的なものであるとしても、〔現実的なものの〕あらゆる展開は理念、概念、テーゼのうちに反映しうるからである。マルクス自身は、理論という概念を提示した。それは従来用いられてきた〔理論という〕概念の意味領域を変えるものである。このことでもって、あたかも無からはなにも生じないかのように、あたかも彼は哲学を疎外された言語として批判しつつも抜け道を用意していたと指摘するかのようにして、マルクスを〔従来の〕哲学者の仲間に再びくわえてしまうことが正当化されるわけではない。それゆえ、われわれが引き受けなければならないのは、みずからを哲学であるとは認めず、哲学というものを不可能なものとしてしまうようなひとつの哲学、という逆説である。

2　イデオロギー批判

――この時代の知的状況はいかなるものだったろうか。ヘーゲルは「哲学と神学の再建」に首尾よく成功した（『経済学・哲学草稿』）。フォイエルバッハは〔観念論の転覆へと〕「足を踏み出した」と主張したが、しかし彼は、観念体系の転覆はなおも観念体系を生み出してしまうということを忘れていた（溺れないためには、重力の観念を反駁するだけでは不十分である。泳ぐことを学ばなければならない。と、マルクスは冗談めかして言う。『ドイツ・イデオロギー』序文）。それゆえ観念論を真に転覆させるためには、現実の次元に身をおき、観念の次元から離れることが要求される。しかし「現実」とはいかなる意味だろうか。ここにこそすべてが賭けられている。マルクスにとって、現実とはもはや《理念》ないし《絶対精神》ではなく、《歴史》である（彼はそれが「現実的」であり、形式的なものではないと主張する）。歴史は力関係および生産関係によって織り成されているのである。

この条件のもとにおいては、もはや哲学はある歴史的瞬間における人間の「現実的な」生活を反映した、イデオロギーの産物にほかならない。「人間の意識が彼らの存在を規定するのではなくて、彼らの社会的存在が彼らの意識を規定するのである」。

そうすると、マルクスの言説の地位はいかなるものだろうか？　マルクスの言説も一定の歴史的土台に結びつき、それとともに消え去ることを余儀なくされるひとつのイデオロギーを形成してしまわないだろうか。イデオロギー批判はそれ自体イデオロギー的であろう。しかしここには循環が生じる。というのもこの反論は、イデオロギーについての学説を認めることになるからである。

観念についての哲学的批判は、懐疑に場所をゆずらなければならない。それはあらゆる言説《ディスクール》を、それを支える物質的状況（社会的、歴史的）へと差し向ける態度のことである。固有の確実さを剥奪《はくだつ》された観念は、こうしてその誕生の場所へと差し向けられる。

3　歴史的労働——以上の分析は、哲学的な議論を歴史的行為へと向け変えることを含意している。『フォイエルバッハに関するテーゼ』の第十一テーゼが言うように、「哲学者たちは世界をただ様々に解釈してきたにすぎない。重要なのは、世界を変革することである」。それゆえ、仮説上の現実的な人間を「再発見する」ためには、イデオロギーを退け、疎外を暴きたてるだけでは不十分である。根底にある現実的状況を把握しない限り、批判はフィクションにとどまる。宗教が幻想であり、民衆のアヘンであるとすれば、それは民衆が幻想を必要とする状況のうちで生きているからにほかならない。疎外しているのは神でも宗教でもない。なんらかの歴史的現実なのである。それゆえ、天国にたいする批判は地上にたいする批判にならなければならない。宗教は「人間の本質の空想的現実化」にすぎないのである。それが空想的であるのは、現実に存在するのは「人間の本質」ではなく、ただ人間が歴史的になしたことのみだからである。マルクスは史的唯物論を自然主義的唯物論にとって代わらせたのである。

人間とはなにか。それは理性的動物でも、自由な動物でもなく、労働する動物である。これこそが「第一の歴史的事実」（これは四つの契機からなる。すなわち、生存する手段を生み出すことのできる自然的存在者の実在、新たな欲求の産出、家族、そして家族から派生する社会関係）であるとマルクスは言う。

ヘーゲルならば、主人と奴隷の弁証法の段階を逆転させても問題を解決することにはならない、と反論するであろう。実際、人間が自然な動物にほかならないとすれば、すでに人間的なものとなっている環境に強制されるのでなければ、どうして人間が労働することになるだろうか。

ところで、このように定立され規定された労働は、根本的に物質的次元に属するものであり、知性的次元に属するものではない。労働は（労働量によって）事物の価値の源泉となる。労働は自然を人間化し、人間を自然化する。あらゆる人間関係はそこから派生するのである。

実際、労働は基本的欲求を満たすことに限られるものではない。労働は新たに欲求を生み出し、新たに生産手段を生み出す。そしてそこから新たに社会関係が発生し、すると今度は社会関係がその根底である労働を変容させるという、ある種の螺旋《らせん》構造が生じるのである。

そのように形成された歴史的形象のひとつが大きな重要性を帯びる。労働が最初の価値を増大させる価値（剰余価値）をつくりだすものであるなら、資本を形成するためには、価値を生みだした労働者からそれを奪い取れば十分である。こうして社会的人間の分裂を最も強く表現する二つの階級が構成される。そして、この二つの階級が歴史の進展において決定的な役割を演じることになる。それは、ブルジョワジーとプロレタリアートである。

ある階級を厳密に定義することが容易ではない（結局のところ、ある階級とは、生産関係におけるその状況と、その階級がみずからについてもつ意識によって規定された人間の集団である）としても、プロレタリアートの特殊性に注意しなければならない。逆説的だが、プロレタリアートの重要性は、決してその効力に由来するものではなく、その欠如に由来するものである。プロレタリアートは、生産手段を奪われた疎外された人間であり、分断された労働を強いられ、動物性へと追いやられるものである。すなわちプロレタリアートとは、文字通り子供（proles）をつくるものである。それゆえ世界全体のプロレタリアートは普遍的な否定的階級となるのだ。このことが、弁証法的逆転によって、プロレタリアートに特異な役割を与えるのである。

4　歴史と歴史の終わり——ここにおいて、暴力的闘争の契機が現われる。すなわち革命である。たしかに、階級間の対立は歴史と同じくらい古いものである。しかし、ある階級の支配が別の階級の支配にとって代わられる限り、ひとは人間性の「前史」から抜け出すことはない。階級闘争が階級の分裂を終結させるような契機から出発する場合にのみ、真の歴史は存在しうる。

だからこそ、プロレタリアートはかけがえのない使命を与えられるのである。プロレタリアートは普遍的であるゆえに、それが勝利することによって個別的な分裂を終結させることになろう。プロレタリアートはなにものも所有せず、積極的にはなにものでもないために、疎外の根源を占めている生産手段の私的所有を廃棄し、それによって階級の分裂の原因をとり除くのである。

こうして階級も国家もない社会が現われる。国家とは、ヘーゲルによれば、宗教を現実化するものであり、マルクスによれば、ある階級が別の階級を抑圧するための道具にすぎないものである。しかしながら、この〔階級も国家もない社会への〕移行を確保するためには、抑圧が廃棄されているのではなく逆転されているような、過渡的な国家——「プロレタリア独裁」——が用意される必要がある。

ところで階級も国家もない社会を想定するには、同時に歴史の終わりを認めなければならないのではないだろうか。この謎めいた概念は、多くの議論や論争を引き起こした。「神の国」を完全に排除した唯物論の学説において、このように歴史の外に投げ出された歴史とは、いったいどんなものだろうか。他方で、階級闘争という動因が廃棄された場合、歴史はどのように継続するのだろうか。マルクスの態度ははっきりしている。彼はユートピア的状態をもとめているのではない。それゆえ、歴史の終わりを、哲学にかんする、あるいはむしろ、哲学にとって代わるものにかんする最初の問題のとらえ直しとして、理解しなければならない。実際、歴史が、語のあらゆる意味において有限な（終わった）、閉じたものではないとすれば、われわれは歴史〔学〕が科学たることを要求することはできないであろう。なぜならその場合、歴史の対象は認識しえないもの、思考できないもの、絶対的偶然性のうちに隠れてしまうからである。言い換えれば、プロレタリアートを廃棄するためには、哲学を「現実化」しなければならない。この現実化はプロレタリアートの廃棄を経由するものではあるが。共産主義とは「歴史の謎が解かれたものであり、みずからをその答えとして自覚している」ものである（『経済学・哲学草稿』第三草稿）。

これで十分というわけではない。マルクスが不正や非人間化にたいする抵抗へと身を投じたことは明らかである。しかし、どのような資格のもとにおいてであろうか。そしてなぜ、抵抗のひとつであることを拒絶し、「学」であることを自認する「哲学」が、そうした抵抗の原動力となるのだろうか。すべてが歴史から由来するならば、すべては等価である。この企ての背後に道徳的な意図が存在するのだろうか。しかしながら、道徳はイデオロギーとして拒絶されている。そうすると、そうした抵抗は人間主義《ヒューマニズム》の見地からなされるのだろうか。しかし、人間主義を支える人間の本質などは存在しない。まさしくここから、歴史の終わりの重要性が生じる。それは終末論的に行為を鼓舞するのである。しかしそうすると、「マルクス主義」とみなされたもののうちに、救済論（救済についての学説）、宗教の代理物、千年王国説（ユートピア待望論）に属するような要素が存在することになる。共産主義の実現によって可能となる、人間と自然の統一を喚起することで、若きマルクスはまさしく「完成した自然主義としての人間主義、完成した人間主義としての自然主義」を喚起していなかっただろうか（『経済学・哲学草稿』第三草稿）。

III　ニーチェ

ニーチェ（一八四四〜一九〇〇年）は、牧師の息子として生まれ、文献学の優れた学生となり、バーゼル大学で教鞭をとった。しかしながらそのキャリアをすぐに捨て、彼はある仕事に没頭する。みずからの病やひとびとからの不理解にもかかわらず、彼は情熱的にその仕事に取り組んだ。しかし最終的には、ニーチェ自身が狂気におちいることによって、この仕事は頓挫することとなる。

ニーチェの諸々の著作は、難解さや矛盾、誇張、象徴的で詩的な表現などによって彩られているために、彼の仕事をひとつのまとまったものとして厳密に理解することは困難である。しばしばひとはニーチェを暴力（ナチズム）に関係づけたり、あるいは戯画化してきた。ニーチェはまったく独自の思想家であるが、とはいえ初期に彼が受けていた影響を見逃してはならないだろう。とりわけ重要であるのは、ワーグナーの作品とショーペンハウアーの思想である。

ショーペンハウアー（一七八八〜一八六〇年）はたんに「ペシミズム」で通った哲学者であるばかりではない。彼は人間についてのお高くとまった幻想を一刀両断した者でもある。彼は自然主義からニヒリズムへの移行を実現した。それは人間の究極的な真理となろう。フロイトやモーパッサンといった幅広い著述家たちのうちに、ショーペンハウアーの影響を見出すこともできる。

ショーペンハウアーは物自体と超越論的主観性に立ち止まることなく、世界を表象へと還元することによって、カント的批判を先鋭化した。すべての根底に、意志、すなわち生きんとする意志が存在する。それは純粋な自発性であり、普遍的な生の盲目的な力であり、それ自体は根拠も理由も目的ももたないものである。

この無名の意志は、暫定的なものでしかない諸々の個体を媒介にして、世界のうちにみずからを表わす。そのように表われた意志は、時間と空間の鏡のなかに映された、たんなる仮象にすぎない。空間のみがつねに若いままに保たれている。なぜなら空間は生まれることも死ぬこともないからである。人間だからといってなにかをもたらすということもないし、どこにもいたりつくこともない。人間の歴史は空虚である。なぜならすべては反復し、同一のものへと回帰するのだから。精神とは、意志が生み出す諸々の不一致によってつくられた幻想である。愛も幻想であり、その本性は種の再生産に奉仕することである。絶えずよみがえってくるわれわれの欲望は、あるときは障害に出会って満たされず、あるときは充足されることによって解消される。だからこそ、「生とは、苦痛と退屈のあいだを振り子のように揺れ動く」のである。

絶望のあまり自殺したとしても、ひとは満たされないひとつの生を消し去るだけであり、生そのものを抹消するわけではない。むしろ欲望に立ち向かうことによって、悪を根源から断ち切らなければならない。この「仏教的」診断が、われわれを同情道徳（われわれに人間の統一を感じさせるもの）へと向かわせ、禁欲（生きんとする意志の中断）へと、そして無関心な観想へと向かわせるのである。

ショーペンハウアーによってなされたこの最後の転回は、ニーチェがおこなう攻撃の特権的な標的のひとつとなった。

1　哲学と価値――哲学者たちが織り成す協働のうちに入り込むのではなく、たとえそこに不協和音を鳴り響かせることになろうとも、ニーチェがただちに望んだのは、挑戦的で攻撃的な破壊者となることであった。「最後の哲学者」を自称することによって、ニーチェは〔哲学の〕墓堀人の役目を申し出たのである。彼は哲学のなにを非難したのだろうか。それは、哲学がそこから生まれ出たにもかかわらず、生を否定していることである。哲学は実在を仮象の名のもとに貶《おとし》め、無を実在（純粋精神やプラトンの《善そのもの》）の偶像とすることによって、みずからの世界にたいする誤認を正当化してきたのである。哲学は哲学の神話から生まれ、存在と同一の言語という幻想によって永遠化された。理性の発明は西洋のすべての歴史の出発点であるが、それは真理についての偏見に基づいている。哲学することは、真理を探究することであると言われる。しかしなぜ真理なのか。「むしろ、なぜ非真理ではないのか」（『善悪の彼岸』）。

哲学は出発点において露わになる。真理は非真理よりも価値があり、実在それ自体とされるものは仮象よりも価値があると決めること、つまり、あるものを無価値なものとして退け、あるものを価値あるものとして選ぶこととは、道徳的な選択をおこなうことである。ここには驚くべきことはなにもない。というのも、すべての人間の生産物のもとには、道徳的本能を見出すことができるからである。しかしながら、生がすべてのものの根底にあるとすれば、いったいどのようにして生自身が、生とは逆の方向へと向かうものを生み出すことになるのだろうか。答えが必要となる。すなわち、そのように生を否定する生とは病んだ生である。

こうしてニーチェの計画と方法が姿を現わす。「存在の世界を無化することによって、哲学を乗り越えること」。それはどのようになされるのか。ある理想に別の理想を、ある観念に別の観念を、ある理性に別の理性を対置しても無駄である。というのもその場合は、錯覚の領域から抜けだすことができないからである。出来上がった価値の名のもとに批判をおこなう、カントやショーペンハウアーのような「哲学職人」に倣《なら》うことも同様に無駄である。また、あらゆる価値を、客観的事実とみなされたものから引き出しうると信じた「学者たち」を模倣しても無駄である。位置ずらしをおこない、領域を変え、生の闘争が繰り広げられるところに探求を導く必要があるのだ。ニーチェは懐疑を要求する。それは、哲学的言説の隠された動機や、下劣な源泉、秘められた恥ずべき、人間的なあまりに人間的なプロセスにたいして向けられた斜めからの視線である。ニーチェは文献学者、系譜学者、歴史学者を自称し、哲学者との違いを強調する。これらの方法は本性的に反哲学的である。しかしながら、哲学者とは、まさしく最後まであえて問いつづける者のことではないだろうか。ここに、ニーチェの論述の両義性がある。

2　評価の系譜学――道徳の足跡をたどっていくと、

われわれは生へといたりつく。それは条件づけられていない唯一のものである。諸々の価値に気をとられることなく、われわれは諸価値の価値について考えなければならず、価値の背後にある評価の働き、および評価の背後にいる評価者を探求しなければならない〔以下、『道徳の系譜』の概要〕。

利他的な道徳、すなわち同情の支配力を考察しさえすれば（これはひとが宗教を忘却したさいになお残るキリスト教のすべてである）、ルサンチマンという厄介な問題を引き起こすのに十分である。誰が同情を価値あるものとして生み出したのだろうか。それは、積極的に自己を肯定することができないが、それでも自分の力への意志（存在の本質はここにある）を消し去ることができない者である。隣人愛のもとには、それゆえ隣人への恐れが隠されている。こうして、反動的な者たち、すなわち諸力の戯れにおいて優位に立つにはあまりに弱い、奴隷や女性たちが同情の価値を生みだしたのである。彼らは他を魅惑するためにみずからの弱さを用いるという策略によって、その目的を達成するのである。こうした転倒は能動的な者たち、すなわち主人たちの良心のうちに、逆転した価値が内面化されるにいたるまで続けられる。最終的には、強かった——それゆえ生という観点においては善かった——者が悪となるにいたるのだ。

それゆえ道徳は「自然に逆らうイデオロギー」の様相を呈する。しかし、イデオロギーは支配階級が作り出したものだと考えたマルクスとは異なり、ニーチェは支配的な価値を作ったのはルサンチマンをもつ人間であると考えた。最終的に、道徳に毒された人間は自分自身を責める。外側に罪責者を指名するのではなく、彼は悪の原因を自分自身のうちに探すことになるのだ。ルサンチマンの方向をこのように変えることは僧侶の天才的ひらめきであり、このうえない病である。しかしこの病こそが僧侶を看護人とするのだ。このようにして禁欲的理想が生じることとなり、これは十字架にかけられたキリストにおいて頂点に達するものである。生は罪あるものとみなされ、それを「救済する」には苦しみが必要とされるのである。

こうしたなりゆきは偶発的に生じるものではない。それは人類の出現と結びついている。自分自身と密着した他の動物とは異なり、人間は離脱と記憶の能力を有している。人間は世界をひとつの光景として現前させ、表象する。他者の前では、人間の感情はルサンチマンに変容する。精神は本能の抑圧と昇華から生まれる。つまり、物理的な不能力を心理的な能力へと変形させることから生まれる。要するに意識とは、これらあらゆる分離の成果なのである。人間はたしかにひとりの病人であるが、しかし興味深い病人である。力と聖職者を結びつけることによって、哲学はここで大きな役割を演じることとなった。

3　ニヒリズムの乗り越え――利他的な価値は「終わりの始まり」である。

キリスト教的「ニヒリズム」（神は十字架に架けられて死んだ）から近代のニヒリズムへと進む連続的な運動が存在する。しかし近代のニヒリズムが「神の死」を宣言するとき、それがなにを意味するのかはまだ十分に理解されていなかった。この無神論は偶像崇拝のうちにとどまっている。なぜならそれはつねに否定すべきなにかを前提にしているからである。しかし神がまったく存在しないために、ちょうど仏教徒がそうしたように、みながこの無を絶対へと仕立てあげたのである！「神の死」とはすべてのものの真理、意味、統一、目的の終わりである。これは袋小路であろうか。それとも世界を全面的に新しく創造するチャンスであろうか。

とはいえ、ニヒリズムとしての真理に我慢できる者などいるのだろうか。ひとは生きることを可能にする嘘やごまかしのほうを選ばずにいられるだろうか。ニヒリズムはまさしく真理であるということと同時に、真理は至高の価値ではないということを認めなければならない。ひとがこの「悦ばしき知識」を保有し、生を肯定しつづけながらもこの真理に耐えることができたならば、深淵のうえに張られたロープのうえで踊り、「危険に生きる」ことができる。ただ諸々の偶像を破壊するだけでなく、自分のなかにいる偶像崇拝者を破壊しなければならない。おおいなる正午には、もはや影は存在せず、諸事物はその姿を変える。ただパースペクティヴ的視覚のみが、諸々の仮象を救うことができるのである。ツァラトゥストラは新たな神ではなく、みずからの影を追う者である（『ツァラトゥストラはこう語った』）。彼はみずからをパースペクティヴにするために、みずからの影を用いる。事物の意味を創造することによって、実在を打ちたて、評価するのである。評価すること、それは創造することである（「人間は自己評価する動物である」）。評定すること、それはその力への意志にしたがって事柄を測ることである。

哲学は多元的なものとなるであろう。つまり、数多くの意味が存在するのである。しかし、同等な価値をもつものではない。なぜならそれらの意味は、それを肯定し創造する者に依存しているからである。真の哲学者は命令し、立法する者である。唯一の神、十字架にかけられた神に、ディオニュソスが対立することになろう。ディオニュソスにとって生は正当化される必要がない。それは罪あるものではないゆえに、贖われる必要がない。ディオニュソスの情熱は生の横溢《おういつ》から生じるのであり、その弱体化から生じるのではない。キリスト教の実体変化と、ディオニュソス的価値変化が対照をなすことになる。

4 永遠回帰──「現代を覆っている解体や未完成という麻痺させる感覚に抗して、私は永遠回帰を差しだしたのだった」とニーチェは書く。なにものも存在せず、すべては生成し、生成したすべてのものは回帰する。存在は絶えず始まり、諸々の可能性の量は有限であり、すべてはかつて存在していた。同一のものがつねに回帰するのだから、神聖な意志というものは存在しない。また、始まりも中間も終わりもない世界はそれ自身で充足している。なぜなら、それはつねに始まりであり、中間であり、終わりだからである。言い換えれば、永遠回帰とは無神論を現実化するものである。永遠回帰は諸宗教の宗教である。古代において永遠回帰は予感されていた。子供たるゼウスはいたずらにさいころを投げ、そうして偶然は必然へとおちいる。古典的な哲学者たちは「悪いプレイヤー」である。つまり、彼らは原因、意味、目的を見つけようと望んでいるのだ。

永遠回帰は規則であると同時に、生を肯定することのテストでもある。つまり、この瞬間に私が望んでいるものが、そのあらゆる結果とともに、無限に反復される。「君が今生きており、かつ生きてきた通りの生を、もう一度繰り返し何度も生きなければならないとしても、君は生を愛するだろうか」。私が望んでいることを、私はその永遠回帰をも望むことによって、望まなければならないということ。これの意味するところは、私自身が運命であるということだ（「運命愛」！）。これが時間の不可逆性に対抗する唯一の方法であり、過去を振り払う唯一の方法である。すなわち、かつて望まれたものを、私はつねに望むことができるのだ。

この「生」の肯定は、われわれに生と享受の補足物を与えるものであって、「最後の人間」の動物的で享楽的な小さな生存への後退を与えるものではない。最後の人間とは、ブルジョワジー、民主主義者、社会主義者である。

この教えの意味はいかなるものだろうか。真理や諸価値を転覆すること、あるいは辛らつにそれらのいいわべを剝ぎとることが問題になっているのだろうか。いずれにせよ、ニーチェは道徳が道徳的でないことを非難しているように見える。しかしながら、キリスト教のように、そしてキリスト教に抗して、ニーチェは道徳のより先へと進む。もし創造主が存在するならば、私は、善悪の彼岸で、私自身を創造することができない。「超人」とは突然変異ではなく、創造的肯定にいたるまで自分を高める者である。それは、自己や人間性といった、たんなる生成の暫定的な段階を超えたところでなされるのだ。「本当の君自身、つまり、君がまだそうなってはいない君自身になれ」。

あらゆる信仰、あらゆる賛同を拒絶し、誰にも縛られてはならないとすれば、ひとはニーチェ主義者となることができるだろうか。ツァラトゥストラは弟子たちにこう言って彼らを突き放す。「私から離れなさい。そしてツァラトゥストラを拒絶しなさい」。ニーチェは自分が「最後の哲学者」であると宣言する。なぜなら彼は「最後の人間」だからである。狂気に陥った死の間際に、ニーチェはみずからを死せる神の後継者とみなした。それは不可能な企てのしるしではないだろうか。

第七章　諸学の危機と生命――十九世紀〜二十世紀

哲学は次のようなあらゆる再検討から無傷で抜け出すわけではない。

歴史的観点から言えば、われわれの世紀〔二十世紀〕は、マルクス主義のさまざまな体現者や、全体主義の大物たちによって強く支配された。多くの社会参画《アンガジェ》する知識人にとって、哲学はもはやイデオロギーの産物以上のものではなく、理論的であると同時に実践的でもあろうとした「歴史科学」にとって代わられるべきものでしかなかった。人間性を問いただすような多くの劇的な出来事と、合理性それ自体が迎えた大きな危機が重なり合うという状況が生じ、これが数々の重要な哲学的反省を引き起こすこととなる。あるひとびとは自由の問題に軸を定めた（シモーヌ・ヴェイユ、カール・ポパー、レイモン・アロン）。別の人びとは道具的な機能へと還元された理性そのものの地位を問題にした（ホルクハイマー、アドルノ）。

他方で、実証精神のますます増えゆく重要性を特に考慮しなければならない。実証精神はあらゆる知の領域で、支配的な地位を獲得しようと目論《もくろ》んでいる。そこでは実在を歴史へと還元することはしりぞけられ、実在はむしろ自然へと還元されることとなる。

哲学はたしかに独自の歩みを続けていくのだが、しかしそのためには、生きいきとした生命の権利を回復するという大きな努力を必要とすることとなる。生命は実証的学問の手中に収まるものではない。なぜなら生命とは、そもそもそうした学問の資源であり条件であるのだから。

とはいえ、哲学がうちからは強いあきらめの風潮によって悩まされ、外からは新しいタイプの知識によって悩まされており、深い危機に面していることに、なんらかわりはなかった。

I　生を考える（ビラン、ベルクソン、ブロンデル、カンギレム）

メーヌ・ド・ビラン（一七六六〜一八二四年）がここでまず重要な参照項となる。「源初的事実」を探求したビランは、客観的なものを組み立てることによって人間を主体および意識として構成することの不可能性を示した〔メーヌ・ド・ビランは、立像に諸々の感覚を付与することによって人間を組み立てるというコンディヤックの思考実験にたいして鋭い批判をおこなった〕。彼にとってこの問題の解決は、主体の哲学を身体の哲学から考察するというところにある。

実際、努力の経験こそが自己を受肉した主体として把握することを可能にする。なぜなら、私の意志は私の身体の抵抗に出会い、それを乗り越えるからである。それゆえ、「私は感覚する」ということにおいて、最初に登場するのは「私」であり、感覚することではない。この「私」こそが、感覚の受動性に還元することのできない、根源的な活動性を表現するものである。そのとき各人は、自己の「内感」において、個別的に実存するもの、「超有機的な」精神力、「生きた原因」としての自己を発見する。私の自由は、私の活動性の感情、もしくは私の行為する能力と別のものではない。意志することと固有身体の源初的二元性は、それぞれの主体にたいしてみずからの人格的実存を把握させ、それと同時に他者とコミュニケーションをおこなう能力を把握させるものである。

ベルクソン（一八五九〜一九四一年）は、次のような中心的な直観から出発して、全仕事を展開させた。すなわち、私が私において把握し、なによりも持続として規定される生の直観である。

1　直観と生——この生は、生物学者が認識するものではないし、「科学的」心理学者が取り扱うものでもない。心理学者は、知識の不可欠な条件だと一般に思い込まれている客観主義的なタイプの合理性という偶像のために、すべてを犠牲にしているのである。たしかに、そのような科学的アプローチは、知性すなわち生に由来する能力の要求に適ったものではある。しかしそれは生から離れることによって、結局は生とは反対のほうへ向かってしまう。それゆえ、直観のみが、生きいきとした生、すなわち唯一の本当の生に接近することができる。直観とは単純な行為であり、それによって知性は認識するのである。

2　時間と持続——科学は時間を扱うことができ、パラメーターと計算のうちに時間を統合することができると主張する。しかし科学がその道具立てによって時間にアプローチするやいなや、時間から持続という側面が剝ぎ取られ、時間は空間へと変容されてしまう。それゆえ科学の時間とは、結局のところ針が動き回る空間でしかない時計の時間なのであって、生の生きいきとした時間ではない。物体の落下を計算するために、物理学者は時間を空間のうちに位置づけられた点へと断片化し、継起を同時性へと書き換える。心理学者は、われわれの感覚を計測しうる原因と関係づけることによって、感覚を量化することができると信じた。しかし、感覚はその強度〔度合い〕によって性格づけられるものであり、比較可能な量として扱うことが決してできないものだ。なぜなら、感覚は持続のさまざまな瞬間に経験されるものであり、持続こそが「われわれの自我が生きられるさいに、意識の諸状態である継起がとる形式」(『意識に直接与えられたものについての試論』)だからである。

要するに、われわれの実在的《レール》な生は質からつくられているというのに、科学的知識は量しか認識することができないのである。

3 生と記憶——科学者と哲学者は同一性と不動性の論理に取りつかれてしまっているが、生とは間断なき湧出、すなわち、つねに新しい多くの形態をとおして自己をもとめる単純な行為として現われるものである(『創造的進化』)。

物質という障害に出会うことで、生の躍動《エラン・ヴィタール》はさまざまな方向に炸裂し、三つの主要な解決を「見出す」。それは、植物的内在性、動物的本能(昆虫において頂点に達する)、人間的知性である。それゆえ人間的知性とは、生のひとつの手段、道具にすぎない。知性は、人間(知的〔サピエンス〕である以前に製作的〔ファーベル〕なもの)が世界を支配し、使用することを可能ならしめるものである。

しかしながら、運動している生成の流れのなかで、どのようにすればわれわれの意識の諸状態の連続性を確かめることができるのか。ここにおいて記憶が介入することになる。記憶は持続の意識を生の直観にするものである。ここでの記憶は、たとえば過去を参照することなく現在において働いている習慣のように、反復によってつくられる「痕跡」に属するものではない。

記憶は、生が「創造的自由」として現われる、生の躍動《エラン・ヴィタール》の筋道をわれわれに再発見させる。だからこそ、決断は果実が熟して落ちるように、深い自我の生から現われるのだ。決定論(それはひとたび実現された行為は実現されたもの、それゆえ必然的なものであると主張する)と非決定論(それは行為がなされる以前にはあらゆる別の選択が可能であると主張する〕は、こうして背中あわせのものとなる。

ブロンデル〔一八六一〜一九四九年〕の一八九三年の著作によって、行為は他の主題と同等の哲学的な主題となった。これはわれわれのアカデミックな歴史において「初めてのこと」である。行為との区別によって、ひとは思考について考えることができるようになり、次いで存在と諸存在者の関係を練りあげることができるようになる〔傍点で強調されている三つの用語は、それぞれブロンデルの著作、『行為』、『思考』、『存在と諸存在者』に対応したものでもある〕。

1　行為——漠然とした昏《くら》い〔動物的・本能的〕エネルギーは人間の自然的生物としての側面であるが、他方、そこから動力エネルギーを汲みだしてくる行為には、知性的認識、道徳的な振る舞い、科学的知識といったすべてが含まれている。行為においては、たとえそれが失敗に終わるとしても、人間はつねにみずからの問題にたいする解決を見出している。失敗が生じるとすれば、人間の意志が深層において意志するものを意志するわけではないからである〔意志する意志と意志される意志の弁証法〕。

それゆえ行為は「生きた実験室」となる。それは「生の批判」によって、「実践の学」を構成することを可能にするものである。だからこそ、生についての真なる学は生物学ではなく、行為なのである。

2　全体的哲学——生とは、生物学的な実在を超え出るものであり、それが完全に開花しうるのは、まさしく超自然的なレベルにおいてでしかない。物質は生命化され、生命は精神化され、精神は神聖化されうるものである。異教徒の哲学は、根拠のない思いあがりであるが、人間の神聖化を確信しうると信じていた。キリスト教が現われて以来、哲学はみずからを超えるものにみずからを開くことで、より謙虚であると同時に、より徹底したひとつの課題を引き受けざるをえなくなった。哲学はこの課題の必要性を示すけれども、それを成し遂げることはできない。なぜならそれは神の恵みに属するものであるから。

ジョルジュ・カンギレム（一九〇四～一九九五年）は、医学哲学というまったく斬新な領域において、生命は生物の形式と能力であるということを示した。生物と生命の関係は、思考と概念の関係に対応する。それゆえ医学と哲学は、生命の客観化されたメカニズムを扱うのみである生物学よりも、生命をよりよく把握できるのである。

それゆえ、生命の「正常性《ノルマリテ》」は、静態的手段に由来する「規範《ノルム》」とはなんのかかわりもない。というのも、正常性が表現しているのは、生命の変化の能力であり、健康が表現しているのは、生命がみずからの規範を発明する能力だからである。

Ⅱ　言語の問題

実証的合理性による知の次元の独占を容認する思想家たちにとって、哲学がたどることのできる道は二つしか残されていない。ひとつは言語それ自体についての研究（それは一方で、数学的および論理的探求にかかわり、他方で、言語学的探求にかかわる）の道であり、もうひとつは常識および道徳意識の直観についての研究という道である。

この観点からすると、ムーア（一八七三〜一九五八年）の仕事の重要性を指摘しなければならない。彼は『倫理学原理』および『観念論論駁』の著者であり、英語圏で広く普及した分析哲学の発展に貢献した。そこにおいては思弁体系の産出、および世界の記述や説明すらも、もはや問題にはならない。問題となるのは諸々の言語表現の分析のみであり、それらの一貫性をテストし、言明を解明することが試みられるのである。常識に分類される道徳は、たしかに大きな重要性を保っているが、しかしあらゆる形而上学的領域を剝奪されることになる。

ウィトゲンシュタイン（一八八九〜一九五一年）は、名高い『論理哲学論考』の著者である（とはいえ、ひとびとは誤って彼の仕事を〔前期の〕『論考』のみに切り詰めてしまっていた〔著者生前には公刊されていなかった中期・後期の仕事は、のちに徐々に知られるようになった〕）。ウィトゲンシュタインは、哲学における言語へのアプローチにおいて欠くことのできない、なおも議論・異論を惹き起こしつづけている、重要な役割を演じた。

ウィトゲンシュタインは次の原理をみごとに展開した。すなわち、言語はもはや諸命題の事実上の実在にほかならず、存在は最終的に世界の諸事実のうちにのみある、というものである。

それゆえ、言語というのは「諸命題の全体」にほかならず、思考は「意味をもつ命題」であることになる。命題は〔世界の〕諸事態のみを指示するものなので、「真なる諸命題の全体が自然科学の全体を構成する」ことになる。しかしながら、哲学は自然科学のひとつではない。それゆえ、哲学の命題は、真でも偽でもなく意味をもたないものなのである。

このことは、外部にはなにも存在しないということを意味するのではない。そうではなく、ただ「語りえないものについては、沈黙しなければならない」〔『論理哲学論考』〕ということを意味しているにすぎない。これは生の世界をとりかこむ倫理に通じ、さらには神秘主義に通じるテーゼである。

この命題はのちの著作〔『哲学探究』〕においては深く変容する。そこにおいては、言語が生そのものに再び挿入されることとなろう。

III　構造への関心

哲学が直面した信頼性の危機と諸々の「人間科学」の発展とが結びつくことにより、いくつかの重大な結果がひき起こされた。

そうした新しい諸々の学問分野は、自然科学の方法論をまねていることを誇示している。しかしそれにもかかわらず、実際のところ、その根底には多くの哲学的前提が包み隠されており、その結論や判断のうちには哲学的立場が含まれているのである。ただし、この状況はそれら諸分野の発展と同じくらい多様なものとして現われている。

たとえば、哲学と精神分析との関係は、フロイトからジャック・ラカン（一九〇一〜一九八一年）へといたる展開において、ますます強くなっていった。哲学にとって、もはや精神分析を無視できないことはあきらかである。精神分析のほうも、哲学的な重みをもつ諸概念を、分析実践のみに由来する純粋に操作的な概念であると主張することは、もはやできないのだ。

社会学および社会科学にかんしては、科学的方法と哲学との関係は疎遠なままである。とはいえ、アメリカの資本主義の発展においてピューリタニズムが果たした役割についての研究で名高いマックス・ウェーバー（一八六四〜一九二〇年）のような著者は、反哲学的なところがまったくない考察を推しすすめている。

その一方で、科学認識論の観点に立つことによって、カール・ポパー（一九〇二〜一九九四年）は、便利で効果的な分割線をわれわれに与えてくれる。彼は、結果が反証可能な（これは、場合によってはその結果が偽であると証明可能であるということも含んでいる）学説のみを科学的なものと呼ぶための理論を構築したのである。

それゆえ論理的に言えば、人間科学および社会科学は、明確かつ哲学的に、哲学との関係を受け入れなければならない。じつのところ、構造ばかりに関心が向けられるようになってから、ひとびとは、人間およびそのあり方を、文字通り非人間的な隠された実在へと解消させるようになった。しかしこのことは、哲学にたいしてきわめて破壊的な結果をひき起こすことにもなる。

人類学において重要な仕事を率いたクロード・レヴィ＝ストロース（一九〇八〜二〇〇九年）は、彼自身「構造主義」の父と呼ばれることをきっぱりと拒絶したとはいえ、上記の事柄における彼の影響はとりわけ大きなものであった。しかしながら、現実的なものを社会的全体性へ、意味を非‐意味へ、歴史を自然へと還元することは、哲学的に中立ではない、といわなければなるまい。

フーコー（一九二六〜一九八四年）が、ここで、「人間の死」および哲学の死――とみなされたもの――と格闘した哲学者の、最も際立った範例となる。彼の複合的な仕事はそこから生じているのだか、ひとはその真の精髄をまだ引き出してはいない。

第一にフーコーは、哲学は「知の考古学」(『言葉と物』)に場所をゆずりわたすべきであると主張しているように見える。フーコーの歴史的探求によって、エピステーメー(ある時代の思考の枠組み)が取り出されるにいたるが、このエピステーメーから、ある時代において特権的なものとなっている諸々の規律=訓練《ディシプリン》が現われたり、実践的な態度、さらには人間それ自体が生じたりするのである。

それよりは知られていないが、しかしおそらくはフーコーの仕事の二つめの部分こそ、より豊かな考察であり、さらにそれを抽出すべきである。それは知と権力の関係を扱ったものである。知と権力の関係においては、戦争は別の手段による政治の延長として現われる。政治的なものの新しい形象は、「生権力」というかたちをとって現われる。増大しつつある人間の医療化《メディカリザシオン》ということが、生権力のはっきり見てとれる側面を表わしている。

第八章　存在と現象――二十世紀

I　フッサール

フッサール（一八五九～一九三八年）は、その全生涯にわたって、「厳密な学としての哲学」というプロジェクトの追究に情熱を傾けた。彼の関心は「ギリシア的」なものである。すなわち、人間の本質そのものと一致するようなひとつの人間性《ユマニテ》を哲学的理性によって基礎づけることは可能なのか、というものだ。現象学を立ち上げた彼は（この現象学という語は以前から用いられていたが、フッサールが開始した事柄は新しいものなのだ）、哲学に新風をふきこみ、新たなスタイルを創造した。その革新性は、真の方法革命と呼ぶことさえできる。その影響は文学、芸術、そして諸科学にまで拡がっていった。

1　「事象そのものへ！」――「Zu den Sachen selbst!」。この現象学の出発点と言えるスローガンは、批判主義の圧迫や、実証主義の専制に抗して、実在への回帰を訴えるものとして響く。それは直接的なものへの回帰であるが、ただしそれに付着しそれを覆ってしまっているすべてを取り除く必要がある。すなわち、ひとが当然〔自然的〕だと思い込んでいるさまざまな概念、理論、習慣をである。

現象学は、なによりもまず、眼差しの転換を要請する。なにをとらえるための転換か？　文字どおりにして初源的な意味における「現象」（現われるもの）をとらえるために。現象とは、実在それ自体に対置させられる意味での見かけのものではない。現象とは、事象がみずからを与えてくるがままのものとしての、生まれつつある状態における事象の現われなのだ。実在的なものとはしたがって現象のことであり、他のなにものでもない。

立ち返られるべきこの「事象」とは、経験主義が見ているような事象ではない。経験主義は、事象を歪めているにもかかわらず、事象にぴったり対応していると主張するのである。フッサールは言う、真の豊かさは貨幣である記号（語ないし観念）にではなく、貨幣の価値を保証している実物の金のほうに存しているのだ。金、それは本質である（ギリシア語ではエイドス〔形相〕、もともとは視覚的形態を指した言葉）。本質とは抽象的な一般的観念ではなく、まさに事物がそれであるところのものであり、個別的対象をとおして現象としてダイレクトに顕現するものである。諸本質は理念性の領域に属するものではあるが、しかしひとがそれら本質をそのつど直観する個別的対象性の現われから切り離されるわけではない。このことは、形而上学的経験でもなければ、美的瞑想でもない。それはひとつの見ることなのだ。その本質においてそれがみずからをゆだね渡してくるとおりに、現前する対象をとらえる働きなのだ。「形相還元」〔「還元」はフッサール現象学の根本概念のひとつで、「形相還元」と「超越論的還元」との二段階があるとされる〕は世界からその事実上の現実存在をとりはずし、世界を、記述可能で明確化可能でコミュニケーション可能なものである意味の世界として現出させる。

本質は、なんの苦労もなくみずからを与えてくるわけではない。本質を露《あら》わにするためには、想像変更の手続きが必要となる。この手続きは、想像力が自由に対象の諸性質を変更することで、どの性質を削除すると対象の削除が帰結するのかを割り出す、という操作である（たとえば、三角形にとっての凸状の形状、色彩にとっての空間面〕。本質は、そうした変更不可能なものにおいてみずからを現わす。

　志向されている「事象」とは概念だけではなく、意識状態であり、感情であり、知覚であり、記憶でもあるので、数多くの本質があることになる。対象を諸々の「存在領域」へと割り当てるためには、対象がみずからを与える仕方が収集される必要がある〔フッサールの用語では「領域的存在論」と呼ばれる〕。その作業の先に、可能的なものすべてについての普遍的学としての、純粋論理学を構成することが目指される。他のあらゆる学は、それぞれの学に固有の対象を構成するために、この純粋論理学を源泉とすることになるだろう〔たとえば、算術は数の形相論を、幾何学は純粋空間の形相論を〕。

2　心理主義と論理主義という二つの暗礁

——心理主義はじつにわれわれのものの見方のうちに浸透しているため、われわれは「自発的に」事物の明証性を明証の感情と混同し、本質直観を主観的確信と混同してしまうほどである。つまり、思考によってとらえられた本質を、心理的な産物と混同してしまっているのだ。

　フッサールは数学研究の経歴をもっていたことで、偽物をすばやく見破る能力を身につけていた。円〔の理念〕の発生は、厳密に定義可能な、あらゆる幾何学者にとって納得のゆく、固有に幾何学的な意味を有している。それは、任意の一個人が描かれた丸を指でたどるという操作とは、まったく関係のないものである〔「なだらかな丸い形」というものと、「中心からの距離が等しい点の集合」という理念とはまったく異なる〕。物理的身振りと図示は、本質に直接的にかかわる直観を基《もと》づけるものではない。ある数は、経験的に実行された勘定からの産物ではないし、特定の一数学者の心的過程からの帰結でもなく、まさにひとつの理念性なのであり、計算のたびごとに直接的に直観されるのである。同様に、無矛盾律という論理学の原理は断じて、二つの相矛盾する真理に同意することはできないという心理学的不可能性に還元されるものではない。

心理主義の誤謬は、事実上の始まりのうちに起源をもとめようとすることに存している。心理主義は、本質を経験的産出の操作へと解消してしまうのだ。説明しようとすることで——言い換えれば、他のものへと訴えることで——、ひとはもはや意味をとらえることができない状態へと自身を追いやっている。たとえばヒュームは因果律というものは習慣から生じる信念であるとして「説明」できると思っていたのだが、そのとき彼は因果律から原理という地位を失わせ、その意味をごまかし、因果律を基づける代わりに因果律を派生させていたのだ。そういう手続きをとるなら、ひとは実在をその反対物によって説明することにさえ行きつくだろう（例を挙げれば、正義を利害によって、徳を悪徳によって）。要するに、形相還元は、経験主義的還元とはラディカルに対立するものである。われわれはもはや説明しようとするのではなく、記述するのでなければならない（『ヨーロッパ諸学の危機と超越論的現象学』）。

とはいえ、さまざまな本質はまた、論理主義が自負しているような、記号論理学や形式的結合法からの帰結なのでもない。論理学者や数学者に頻繁に見られるこの誤謬は、論理学がロゴスとのあいだにもつ原初的な関係の忘却に由来する。論理学は、いったん構成されるやいなや、二次的な抽象物となり、みずからを静態化〔形骸化〕させる傾向がある。しかるに、質料と形相との分離というのは心理学的なものであり、それは本質の起源的状態においては存在していないはずのものである。したがってひとは、本質についての知を根源的に基づけるためには、そのような分離に依拠してはならないのである。

3　現象学的革命——近代世界は、じつのところ、転倒された世界である。科学はわれわれに客観的

法則によって支配された客観的自然についての客観的知を提示するが、しかしながら、主観なしには客観性〔対象性〕は存在せず、眼差しなしには視覚的対象は存在せず、そして理念性なしには科学は可能ではない。近代世界の父たる創設者デカルトは、生ける実在を仕分けそぎ落とすことで延長というものを取り出す前に、まず思考する主体を立てるということにじつによく気を配っていた。しかしながら、客観主義的先入見は世界にたいする「自然的態度」と化してしまった。科学的な諸観念や諸法則は自然的で原初的で客観的な実在であると、ひとは固く信じこんでしまっている。だが、そうした諸々の観念や法則は、自然のうちには実在しない理念性なのである。それらは、人間が生ける主観性の根源的経験をもとに産出し、形式化したものだ。その根源的経験がなければ、自然は全面的に意味を欠いたものとなるだろう。現象学的「還元」は真の秩序を再確立し、創設的主観性すなわち超越論的意識へのアクセスを解放することを機能としている。

経験的自我と超越論的主体——真の主観性を欠いたものと、直観ではアクセス不可能なもの——とのあいだでカントがおこなった分離を回避するためには、超越論的主体は具体的主体でなくてはならない。「私は存在する」ということの根源性を発見することで、デカルトはこの方向に道を切り拓いた。しかし、デカルトはあまりに性急に思考実体としての私〔自我〕のうちに閉じこもってしまったため、外的世界と他者〔他人〕とをもう一度見出すことの困難を含む、多くの困難にぶつかってしまったのだ。だから、アプローチを変えなければならない。

方法的懐疑に訴える代わりに、フッサールは世界を括弧《かっこ》に入れる〔エポケー〔判断停止〕〕だけで十分であると考えた。エポケーによって、世界に意味を付与している志向的思念を覆い隠す諸々の態度は、遠ざけられるのだ。

まさにこの志向性という観念が、現象学においてはファンダメンタルなものとなる。志向性によって「あらゆる意識はなにかについての意識である」のだというこの〔よく知られた〕命題は陳腐に感じられるかもしれないが、しかしその陳腐さの奥にある事柄を理解しなければならない。すなわち、意識はつねにみずからとは他なるなにかを思念しているのであり、それでいてその対象は志向性の内部領域における他なるものなのである。別の言い方をするなら、意識とはそれ自身に閉じこもっているものではなく、まさにそれ自身のただなかにおいて他へと開かれているのである。その主観的側面がノエシスであり、その対象的側面がノエマである。主観‐客観の二元性と、実在論と観念論の諸問題とは、このノエシス‐ノエマの始原的相互相関という地のうえに、あとになって現われてくるものなのである。

これで独我論から逃れることができるのだろうか？ いずれにしても、もしいかなる世界も存在しなかったとしても、志向性は同一のままにとどまるのであろうか？ これに比すると、他人という問題は少しだけ困難が小さい。他人は、ひとつのたんなる志向的相関者ではない。そうではなく、ひとつの絶対的他者、私〔自我〕と同じだけ絶対的なもの――もうひとつの自我 (alter ego) なのである。他人は私を私自身へと送り返す、ただしこの場合の私とは「見知らぬ者」としての私である。他人の現実存在は私にとって、私とは別の、しかし私と類似したひとつの身体の「共存」である。しかしながら、他人もまた、私と同様に、それによって世界が世界として成立させられるところの主体である。間主観性〔相互主観性〕は、私が他者の自我を把握し、他者が私の自我を他の他者たちの自我と同様にして把握するという、この能力から生まれてくる。ひとつの共同体が、共通世界に面しつつ、創造されるのだ。

この段階において、現象学的方法は固有の意味での哲学となる。私は純粋自我へと、つまり私がそれで在《あ》るところの意識、世界に依存しない意識へと接近するのだが、しかしこの意識は世界なしにはみずからを展開することができない（『イデーン』）。世界に意味と統一性を与える超越論的主体とは、まさに生ける主観性であり、「絶対的存在の王国であり、対自存在のそれでもある」。また、この生は時間的である。意識とは絶えざる流れであり、このとめどない流れのうちで現在は継起的に更新されてゆき、かつ現在であることをやめない。それは絶対的自我の「生きいきとした現在」である。この時間は《歴史》へと沈澱してゆく。《歴史》はわれわれに、自分がいかに《大地》に錨を下ろしているのかを確認させる。《大地》はまさしくわれわれの《始原的アルケー》である。

II　ハイデガー

ハイデガー（一八八九〜一九七六年）は、フライブルク大学でフッサールの助手になり、次いで後継の教授となった。現象学の方法を引き継いだが、ただしそれはフッサール現象学がもともと設定していた目的とは別の目的へと方向転換したうえでのことだった。意味の存在を問いただしつつ、超越論的主観性の背後に現存在のより根源的な構造を発見しつつ、彼は《存在》の基礎的問いを再び立ち上げた。《存在》はむかしからずっと哲学にとり憑《つ》いてきたものだが、しかし逆説的にも、西洋の形而上学とは存在の忘却の歴史でもあった。

1　実存論的分析——

《存在》を問うということはできるだろうか？　ひとは存在を最も一般的な概念だとしている。だが他方で、存在は類概念ではない。ひとは存在を定義不可能な概念だとしている。

だが他方で、存在の意味というのはあるともみなしている。ひとは存在をはっきりした概念だとしている。だが他方で、《存在》は謎でもある。くわえて、古今の哲学者たちはつねに《存在》と時間とを対立させてきた。彼らは存在を、過ぎ去り移りゆくはかない時間に対置される永遠の現在へと仕立てあげたのだったが、しかしそのときじつは存在を時間によって理解しているということには気づいていなかったのだ〔以上、『存在と時間』冒頭部での問いかけの要約〕。

さまざまな存在者のなかで、ただ人間のみが《存在》を問う可能性を有している。まさにこの根本となる点から出発して、われわれはすべてをとらえ直さなければならない。《存在》の問いはしたがって、人間から出発して（人間とは現存在（Dasein）——それによって《存在》が到来するところの存在者——である）、「時間理解の地平において」それを問うという仕方で、立てられなければならない。

ぱっと見の印象には反して、『存在と時間』のなかの「現存在の分析論」は、実存主義に貢献するものではない。ハイデガーの分析は実存的（各々の者が実存することにおいてかかわること）なわけではなく、それが実存の存在論的構造を明らかにするものである限りにおいて、実存論的（分析）なのである。〔実存主義という〕誤解は、「気遣い」としての現存在をハイデガーがじつにすばらしく分析し記述したことの、副産物ともいえる。

気遣いとしての現存在は、事実性ないし被投性（われわれは現にそこに投げ出され、巻き込まれ、つねにすでに存在してしまっているということ）、実存（現存在をつねにみずからに先んじたところへと押しやる契機で、将来から時熟する根源的時間性に対応する）そして、……のもとでの存在（現存在はつねに他のなにかの現前に面しているから）によって構成されている。

続く気遣いの諸様態の分析のところで、ハイデガーはまず「配慮」について記述する。配慮の領域とは、

「ひと」が支配する領域である〔「ひと」とは誰でもあるが誰でもない「世間」「誰か」「みんな」のことで、この「非本来的」様態において現存在は「おしゃべり」や「好奇心」にせわしなく気を取られ、自分の本来的な存在可能性から眼を閉ざしている、とされる〕。そして、次いでハイデガーは〔『存在と時間』後半部分において〕、時間を体験する人間の「本来性」という様態が、どのようにして「死‐への‐存在」というその根本性格を開示するのかということを、示すのである。

2 存在論的差異――『存在と時間』〔通例、前期ハイデガーと時期区分される〕によって開始された企ては未完成に終わった。おそらくそれは、そもそも完成不可能なものなのだ……。実際、時間地平における存在の解釈から《存在》の思索へと場を移すことによって、ハイデガーの企図は存在論的差異という中心問題をうかびあがらせることとなった〔中期および後期ハイデガーの問題設定〕。

存在者の《存在》を問う問いは、哲学と同じだけ古い。ところで、《存在》と存在者とを切り離された二つの世界に割り当てる形而上学の伝統すべてに反して、この両者は分離した状態であることはできないのである。まったく単独にとらえられた《存在》というものはもはや存在者の《存在》ではなく、またもうひとつの存在者ということになってしまう。他方、諸々の存在者のほうも、《存在》の現前のうちに場を与えられなければ存在しえない。《存在》と存在者とはしたがって、両者の差異から出発してのみみずからを現わしてくる。差異が、あらゆる表象の可能性の条件をなしているのだ。まさにそれゆえに、差異の忘却ということが、最も大きくまた最も豊かな《歴史》の出来事、すなわち形而上学の到来を成立させたのである。

そうして、プラトンは《存在》を諸存在者の本質、すなわちイデアとみなした。アリストテレスは、存在者の原因をもとめてさまざまな存在者を探求してまわり、《最高存在者》にいたった。デカルトはみずからにたいして透明な意識なるものを立て、そして世界を数学的構成物へと、計算可能で利用可能な諸々の力の貯蔵庫へと還元した。デカルト以後の近代科学的世界において、技術の勝利が決定づけられることになる〔「技術」論は、第二次大戦後の後期ハイデガーの主要論点のひとつ〕。

最初に課せられる火急の課題、それはしたがって、形而上学が根ざしているはずの土壌を露わにするための、形而上学の「破壊〔解体〕」である。ところで、差異と同様に、忘却もまたたんに人間が負うべき事態ではもはやなく、それは、存在者が現出することを可能にするためにみずからを退き去らせるものたる限りにおいての、《存在》そのものが負っているなにごとかなのである。

3 歴史的脱 - 存としての人間——《存在》の現

〔「現 - 存在（Da-sein）の「現（Da）」。通常のドイツ語ではDaとは「そこ」の意〕であるがゆえに、それによって《存在》が到来する存在者であるがゆえに、人間は、ヘルダーリンが言ったように、「天上の者たち〔神々〕が好んで安らう敏感な心」である。この意味においては、あえて、人間のみが真に実存しているのだと言うべきである。他の諸々の存在者——木であれ、犬であれ、あるいは神であれ——は、実存しない。それらは存在しているのだ。人間のみが、諸存在者（人間以外の）を《存在》の明るみのうちに採り集めることができる。人間は「存在の牧者」である。これは、人間が存在を取り仕切るというようなことを意味するのではない。反対に、《存在》が明け透き〔後期ハイデガーの用語。「深い森のなかの、光が差す開けた場所」〕としてみずからを提示するのはただ、人間が脱 - 自的実存において《存在》の呼びかけに応じる場合にのみなのである。《存在》が「il y a」という〔フランス語で「ある」の意〕表現は、ドイツ語では「es gibt」という——直訳すると「それは与える」、ということだ。この端緒の贈与に人間は恩恵を負っているのであり、人間はみずからを「責めある〔負債ある〕」ものとして見出す。人間は《存在》によってしか在《あ》ることができない以上、つねに《存在》そのものにたいして遅延している以上、人間の条件とは有限性である。したがって、人間の創造的な力とは、じつはなによりもまず、受け取ることの力なのだ。

こうして、語彙を修正しなければならない理由が理解されよう〔以下、ハイフンや語源論を駆使するハイデガー的用語法の解説〕。「実存する（exister）」、この言葉が人間にとって意味するのは、生《な》まの実存でも、事実でも、実存的努力でも、自己の自己定立の作用でもない。人間（現存在）の本質は、人間が《存在》の開けのためにみずからを開いてもちこたえるという意味でのその実存に存している。人間の本質は、現‐存在において《存在》が「明け透き」として顕現する限りでの、《存在》の脱自的《エクスタシー》〔恍惚的〕現前へと送り返される。人間は脱‐存する（ek-sister）。

脱‐存する代わりに、人間は拒み、かたくなになり、みずからを主体とみなし、あらゆる存在者の尺度とみなすこともできる。それは、執‐存する（in-sister）ことだ。人間のドラマとは、《存在》の神秘にたいする人間の反発であり、そのことが人間を自己忘却へと、迷誤の彷徨《ほうこう》へといたらせる。

あらゆる時間測定尺度に先立っている根源的時間性が問題である以上、人間を脱‐存するものとして肯定することとは、すなわち、人間を歴史的なものとして肯定することである〔脱‐存する人間はあらゆる《歴史》の前提条件である歴史性をそなえている、という意味での「歴史的」。事後的な作業をおこなう歴史家たちによる歴史記述が「歴史的」という意味ではない〕。

一見するとハイデガーは、とても明確な標識のついた道を進んでいるようにみえる。《自然》は歴史をもたず、人間は自由であるがゆえに唯一歴史的な存在である、と。しかしそうではない。ハイデガーは、自由というものをいったん定立されるや、その後は人間が恣意的に裁量できるようなひとつの所有物だとみなすことを、ただちに拒否する。そのように基づけられた自由は、自由ではない。したがって、方向を転回する必要がある。自由が最初に到来するのであり、自由は人間に先立つ。自由は人間を基《もと》づける。なぜなら人間とは、それによって《存在》が到来する存在者以外のものではないからである。人間が自由を所有するのではない。自由が人間を所有するのだ。

　自由とは存在者をあるがままに露わにすることへと身をゆだねることであるがゆえに——自由とは「存在者を在らしめること」である——、自由こそが人間と存在者の全体との関係、つまり人間と《自然〔ピュシス〕》との関係を可能にする。人間が歴史的存在であるのは、人間が存在者に面しつつ振る舞うからである。逆に、《自然》が歴史をもたないのは、ひとが《自然》の生起と存在者の《存在》の根源的な哲学的問いとを分離することができないからである。歴史を基づける自由は、同時に言葉へのアクセスを基づける。それが「そのものとしての存在者への問いと、西洋の歴史の端緒への問いとが、一つにして同一のものであること」の理由である。

4　真理の真理性——《存在》の贈与という根本主題によって、われわれは真理という疼《うず》きつづける問題をとらえ直すことへと向かわせられる。この問題は、正当なことだが、あらゆる哲学にとり憑きつづけてきたのだ。

　伝統的には、ひとは真理を一致として定義してきた（言明と事物との合致、とスコラ哲学では言われたが、その場合には、事物とその観念の合致という、事物のほうの本来性——たとえば、本物の金貨一枚——を表現する方向性はある程度切り捨てられている）。だが、このような真理、つまり真なる言明、真なる事物のそれというのは、真理そのものではない。さもなければ、ひとは真理というものを真理一般へと還元してしまうことになる。でもそれは、抽象的な普遍にすぎない。

真なる言明が事物を現前させ、事物をわれわれの眼前で対象として出現させるのである以上、真理とはなにより第一に、存在者を前にしての後退の運動である。真理の根源的な場とは、それゆえ判断ではなく、存在者を前にしての後退を可能にする振る舞いの開けである〔真理を「開け」とみなすことは、基本的に前期ハイデガーから後期ハイデガーまで一貫している思想的特徴〕。真理の場はその存在において開けとしてみずからを現わし、尺度を与える。したがって真理とは、真なるなにかではない。真理《アレーテイア》は、根源的には、人間が自己意識であることを可能とし、人間以外のもの――人間にたいして開花せる現前としてみずからを露わにする、全体としての存在者――を理解することを可能とする、まさにその自由のことなのである。

《存在》の贈与と後退の徴《しる》しが保持されるのは、言語のうちにである。言語は、《存在》の言語であり、存在が滞在する場である〔『ヒューマニズムについての手紙』〕。言語において、そして言語によって、《存在》をめぐるわれわれの探求は遂行されるほかはない。だが、開花せる現前を経験するためには、芸術の助けを得る必要がある。実際、いかなる作品も真なる事物を現われさせるわけではない〔ヴァン・ゴッホが絵に描いた靴は、履くことができるような実物の靴ではない〔中期ハイデガーの重要著作『芸術作品の根源』の論〕〕。そうではなく、芸術作品は《存在》への開けを、開花そのものを現われさせる。芸術の機能は、われわれにたいして事物の本質を開示することにある〔その本質において開花した靴〕。言い換えれば、存在者を存在へと再び導き、存在者から《現前》がひとつのオーラとして溢《あふ》れ出るようにすることにある。美、それはまさに《存在》の現出の光り輝きなのである。

III　サルトルと実存主義運動

サルトルは、総体として「実存主義」と形容される運動のなかでの、最もよく知られた書き手である。実存主義運動は戦後すぐに爆発的に広まったのだが、これは、「解放」を渇望する若い世代の期待に応えるなにかをこの運動がもっていたからだった。ただし、この時代に実存の問題に専心した哲学者は唯一サルトルだけだったわけではない。実際のところ、実存主義が哲学上の学派を形成することは決してなかった。実存主義の起源は、パスカルという水脈のほうにであったり、あるいは、とりわけキルケゴールという水脈にもとめられるべきものである。キルケゴールの影響は、実存主義時代の複数の重要な思想家たちのもとに、はっきりと認められる。

ヤスパース（一八八三～一九六九年）は、医学から出発して〔ヤスパースは若い時期に精神医学者として重要な業績を残している〕、実存者をそのあらゆる次元から考察した。そこには政治的次元も含まれ、またあらゆる知の彼方にある次元〔宗教〕も含まれている。

人間は、人間自身に依るものでない経験的なデータや諸条件には還元不可能である。だからこそ、実存において、人間はみずからの真の自我、真の存在を、そして自由の働きであるみずからに固有の使命を、同時に見出すのである。哲学とは、真理の名のもとで存在全体を賭すものである。哲学はどんな知であれあらゆる知からはみ出し、「超越」へのみずからの開けによって定義される。超越者は、自由な行為の絶対的性格において、しかしつねにある特定の限定された場に位置づけられて、みずからを顕わす。
そうして、人間は存在を問いに付す存在者として現われる。この問いを人間が本当に意識化するのはただ、「限界状況」（病、苦、死、あるいは罪責）においてである。そして、人間が自己を真に確信することができるのはただ、「交わり《コムニカツイオン》」においてのみであり、その交わりは、他人との「愛しつつの戦い」を通り抜けたところにしかない。

マルセル（一八八九〜一九七三年）は、実存《エグジスタンス》を本質《エセンス》に対置するというよりは、実存を存在《エートル》とのかかわりにおいて考えようとした。また、彼はみずからの劇作品において、実存というものを舞台上に表現することを試みた。

実存の重要性はマルセルにおいては、二つの仕方で表わされる。一方で、生きることは実存することではない。実存する、それはひとがそれで在るところのものに成ることであり、みずからを超え出ることによってみずからをつくることである（人間的人格のモットーは「私は存在する（sum）」ではなく、「私はより上に向かう（sursum）」なのだ）。他方で、人間が他人との関係の外部でみずからの存在に到達することは不可能である。ゆえに、あらゆる存在は共同存在である。
さらに示唆的なのは、マルセルが存在と所有とをラディカルに対置したことである（『存在と所有』はマルセルの著作名でもある）。所有は、客観化と我有化として特徴づけられる。所有とはしたがって、われわれの現代世界がそのもとで生きている体制《レジーム》であり、現代における知と知の実践とを閉塞させているものである。しかるに、そこで、身体というものが特権的な契機として現われる。身体は「絶対的所有」、つまりあらゆる可能的所有の条件を表わしている限りにおいて、最終的に、存在と所有との境界領域をなすものなのである。

サルトル（一九〇五～一九八〇年）――著述というもののあらゆるジャンルを実践し（小説、戯曲、等々）、「社会参加《アンガージュ》する知識人」というみずからの役割をどこまでも徹底的に引き受け、アクチュアリティのあらゆる前線で存在感を示した、ジャン・ポール・サルトル。ただ彼は、逆説的にも、彼が〔知的活動の前期において〕哲学という領域でおこなった興味深い取り組みを、〔政治的関心が中心になった後期においては〕やや忘却してしまってしまったかのようだ。その哲学は、実存者の自由に焦点をあてていた。

1　対 - 自と即 - 自――みずからを意識として経験する意識（もっとも、あらゆる実質的性質を取り除けば、意識はそういうものでしかありえないのだが）は、《対 - 自》である。対 - 自はみずからの面前に、存在理由《レゾン・デートル》もなく、ただそこにあるだけの、正当化できない（「余剰な」）存在を見出す。それは《即 - 自》存在と定義される。意識〔対 - 自〕は人間が存在から身をひきはがすことを、そして問うことを可能とする。意識とは「それではないもので在り、それで在るものではないような存在」である。

こうして、人間は世界への純然たる現前として、実存する。人間が実存するのは、対象〔即 - 自〕がもたないようなひとつの尊厳を、人間が享受しているからである。だが、人間は本性ももたなければ本質ももたない。それゆえ、こう言わなければならない、「実存は本質に先立つ」〔サルトルの有名なテーゼ〕。

2　自由と否定性――ここにおいて自由は、「世界のうちに無を出現させる」能力として定義される。それは、積極性〔実定性〕なき、無につながれ、なににも負うところなき、みずからが何者であるかについてのあらゆる規定を拒むことのできる、むきだしの裸の自由である。みずからを遮るものはなにもない、ということを見出した自由は、不安のめまいを体験する。人間は、「自由であるという刑に処せられている」。人間がこっそりとその刑を免れようとしても、行き着く先は不誠実という袋小路以外にはない（たとえば、「卑怯者」がそうするように、自分を現状のままにとどめ、他人も特定の本質に凝固させてしまうとか、あるいは現実に直面しなくてすむように自分の意識を抹殺してしまうとか）。他方、おのれの自由を引き受けるならば、そのさいには、人間はみずからを投企として構成する。人間はみずからがなすもので在り、みずからの諸行為の連鎖で在る。われわれはわれわれが投企するものとしてみずからを創ることで、人間についてのあるイメージを産出する。すなわち、われわれはみな責任あるもので在る。

この条件において、《対‐自》が分泌する自己の形象をつかみとるためには、必然的に他者の眼差しを経なければならない。そして、その過程からは対象化〔他人を即‐自として扱うこと〕という隷属化が生みだされざるをえない。逆もまた同様だ〔他者によって私が即‐自にされる〕。他者との関係はすべて、葛藤をともなう。地獄とは、他者のことなのである。

Ⅳ　ブリュエールと形而上学

ブリュエール（一九三二〜一九八六年）は、哲学の固有に形而上学的な次元を維持し、展開する術を心得ている、まさしくそうしたタイプの思想家である。ヘーゲルとシェリングの偉大な観念論的伝統を源泉とし、ブロンデルとマルセルから影響を受けつつ、ブリュエールは絶対者の探求から医療倫理学にまでわたる幅広い領野をカヴァーした。医療倫理において彼はパイオニアの役割を果たした。

1　実存の論理学――くわしく分析するならば、人間性のあらゆる典型的な態度は、思考においても実践においても、絶対者のある形象を開示しているのであり、そしてそこでは絶対者は原理の位置に、根本的前提という位置に置かれている。言語・欲望・自由の本性と関係性とはそこから直接に由来してくる。そうして、意味を備えた実存の論理学がそのつど構成されるのだ〔『神の肯定』〕。

実在を最もよく説明する絶対者とは、三位一体の神というかたちのもとでキリスト教が開示した絶対者である。「普遍的なものと真理とは別のものである」とするようなしばしば見受けられる信念に抗して、絶対者についての合理的解釈を構築することは、哲学のなすべき課題である。

身体の哲学がここでその反証として役立つことになろう。というのもそれは、個別的主体というものを十全に思考するためには二元論〔精神と物質との〕という前提がしりぞけられる必要があることを示すからである。

2　贈与の存在論――「スピリチュアリスム」と呼ばれる諸哲学が、人間を「肉と骨の塊」へと還元することを拒否したのは正当であり、同様に、人間的欲望があらゆる生物学的欲求を超え出ていくものであることもまた真である。ただし、スピリチュアリスム哲学は、存在なき「精神」を前提していた点では誤っている。

精神の形相論によって、精神の諸々の顕現様態（幼年時代という謎や、他人との出会い、等々）の一群を位置測定することができる。そのようにして、本質と実存〔現実存在〕との伝統的な対置に抗する仕方で、精神の存在は贈与の存在として、「みずからの本質であり、みずからの固有の始まりである」存在として現われる（『存在と精神』）。ひとはここで自由の深い意味を再び見出す。自由であること、それは自己自身にたいして贈与されることである。その生物学的起源には還元不可能な仕方で、しかし自身を創造することはできないままに、人間はこうして、その存在の真の起源を覆い隠すと同時に指し示すものである不可視の課題を見出す。自己自身にたいして贈与され、人間はみずからの存在にかんして負債をおっているものとしておのれを見出す。この負債が、道徳的責務の究極的基礎をなすのである。

V　倫理と責任

倫理学的考察の現代的な刷新は、フッサールによって口火を切られた現象学運動に多くを負っている。このフィールドにおいて仕事をした数々の思想家たちのなかでも、とくにマックス・シェーラー（一八七四〜一九二八年）の名を挙げるべきであろう。彼は現代におけるペルソナリスム（人格主義）の創始者であり、堅牢な一貫性のある価値哲学の書をものした唯一の著者であり、そして感情共有のあらゆる様態についての繊細な探索者であった（『同情の本質と諸形式』）。またマルティン・ブーバー（一八七八〜一九六五年）は、《我-汝》という相互関係のうちに各人の責任が構成されることを明らかにした。他方、ハナ・アーレント（一九〇六〜一九七五年）は、そもそも予見不可能な歴史のただなかで自由な人間主体として出現することとしての「誕生」の重要性を指摘した。

ヨナス（一九〇三～一九九三年）は、責任を原理という高みにまで上昇させた（『責任という原理』）。最初はグノーシス研究者であったこの思想家は、こんにち改善説の最も危険な形態（道徳的善よりも、人間の改造を要請するような「善以上のもの」を選好する態度）をなしている「鎖を解かれたプロメテウス主義」にたいする応答としての、「未来倫理」を展開した。

科学とテクノロジーの驚愕すべき進展はこんにち、かつてけっして問いに付されることのなかったものを問いに付すにいたった。すなわち、人間存在および人間性が未来においても存続するのかどうかということをである。ふつうの言葉ではっきり言おう。人間が人類の消滅を惹き起こすということは、あるかもしれない（たとえば、核兵器による災禍によって）。そして、未来の人類がもはや自由な道徳的主体ではないということも、あるかもしれない（人間がバイオテクノロジーによってみずからの自然本性を変更することに成功した場合には）。

究極的脅威に対峙《たいじ》するためには、方法論が必要となる。それが、「恐れによる発見術」である。危惧される諸々の可能性を想像することによって、現在のわれわれの行為が、それらの可能性を現実化させることを回避する、という方法だ。行為を統御するために、ひとつの規範がなければならない。すなわち、われわれに「存在からの訴えかけ」に応えるよう命じる「存在論的命法」である。「存在からの訴えかけ」に応えるものとしての人間という観念のみが、自分たちの行動を方向づけるために、用いることのできる唯一の導きなのである。このような訴えにたいして応答することを、われわれは道徳的に義務づけられているのである。

レヴィナス（一九〇六～一九九五年）は現代の倫理学的考察に強烈なインパクトをあたえた。彼は他者との出会いということの絶対的に根源的で一次的な性格を指し示した。このことのゆえに、倫理は形而上学に先立つのみでなく、存在論や人間学にも先立つとレヴィナスは主張する。

他者は私にたいして「顔」として現われてくる。顔《ヴィザージュ》とは他者における「無限」の顕現的痕跡をなすものであり、私が経験的に他者から知覚するもののことではない。顔は「傷つきやすさ」によって性格づけられる。顔の傷つきやすさが、顔からの訴えに応えるよう私を道徳的に責める。しかも私の側でそれに対応する義務が存在していたのでもないのに、顔はつねにすでに私を責める。このまさしく「人質になること」は、道徳的責務の非対称的で一方的な性格を露わにするのであり、これは第一には、殺人の禁止として表現される〔「汝殺すなかれ」〕。

そこから、責任が自由に先立つことが帰結する。なぜならば、ひとは責任によってとらえられ拘束されているのである以上、実践の中心に責任ということを置くか置かないかにかんしてひとは自由ではないから。

哲学的反省はこうして、ヘブライ的伝統との深い一致を見出すのである（ヘブライ語での「責任」を意味する語は、「他者」と「兄弟」とを含んでいる）。

訳者あとがき

『年表で読む哲学・思想小事典』（白水社）という便利な書物の著者として日本でも知られているドミニク・フォルシェーが書いた、じつにコンパクトなヨーロッパ哲学史入門。本書の特徴を簡潔に形容すると、そんなところになる。

本訳書は、Dominique Folscheid, *Les grandes philosophies* (Coll. « Que sais-je? » n°47, PUF, Paris, 2008) の全訳である。訳者らが用いた版は二〇〇八年刊の第七版である。この書がフランスで広い読者層にうけいれられて、何度も版を重ねていることがうかがわれる。

現著者フォルシェーは、一九四四年ヴェルサイユ生まれ。現在はパリ東大学（二〇〇七年にマルヌ・ラ・ヴァレ大学から改称）教授を務めている。先に触れた『年表で読む哲学・思想小事典』の「訳者あとがき」もご参照いただきたい。ちなみに本書はある意味で『年表で読む哲学・思想小事典』の姉妹編といえるものである（フランス語原題はそのことを示唆している）。

『小事典』の年表形式によるスピード感ある記述は、哲学・哲学史の要点を短い語数で誰にでも読みやすく結晶化させるフォルシェーの力量と個性をあらわしていた。では、本書はどうか。全体の分量としては『小事典』からさらにぎゅっとスリムに絞ったかたちで読者の負担を軽減しながら、かつ他方では、いわゆるとくに《重要な》哲学者十数名について多少のヴォリュームを割いて詳しめに解説することで、メリハリをつけた哲学史概説書としての本書ができあがっている。哲学の人名や用語になじもうとしている最中の読者の方々には、そのつどの興味関心におうじて本書と『小事典』とを自由に行き来していただくことをお薦めする。そうするうちに、西洋哲学のさまざまな思想や概念に親しむことがより容易に可能になるであろう。

もちろん、読者の負担を軽くするためとはいっても、メリハリをつけるということは、やはりもろもろの哲学者をより《重要度の高い》ものから《重要度の低い》ものまでに分類し、ランクづけするかのような作業になってしまう。こと哲学にかんしては、重要度が《高い》とか《低い》といった分類をしていくことはやや似つかわしくないようにも思える。どのような時代の、どのような《哲学》にも、それぞれに固有の意義というものがあるはずだからだ。ルソーとニーチェとではどちらがより重要だろうか？スピノザとキルケゴールとではどちらに多くの分量を割くべきか？トマス・アクィナスとマルクスとでは？バークリーとメーヌ・ド・ビランとならば？等々。

その意味では、フォルシェーの取捨選択の仕方に異論をおぼえる読者は当然少なからずあるであろう。だが本書「はじめに」にもあるように、コレクション・クセジュという日本での新書にあたる形態、その限られた分量のうちになにを盛りこみ、なにを盛りこまないかという判断が、困難なことは想像にかたくない。限りがあるのだから。人物や解釈の取捨選択は不可避である。むしろ、本書のメリハリのつけ方が他の哲学史書のメリハリのつけ方とどのように相異しているかを見比べていただくということが、特にすでに一定の哲学史知識をおもちの上級者読者にとっては、本書の読みどころになるかもしれない。なかなか日本の研究者には（良くも悪くも）真似のしにくいたぐいの、思いきった圧縮論述の切れ味・切り口を味わうことができる。

ともあれ全体として見れば、パルメニデスに始まりレヴィナスで締めくくられるフォルシェーの選択・構成は、いわばスタンダードなものに属するといえる。あえて指摘すれば、時代としてはやや古代に分量をあて（ストア派・エピクロス派に相対的に頁数を確保しているのが印象的か）、また近世以降では、ドイツを軸にしながら、フランスを若干重め（マルブランシュ、ブロンデル、カンギレム等）、英米を若干軽め（ロックとバークリーがいささか少なめで、ホワイトヘッドやクワインは言及がない）にしているというようなさじ加減だ。

ただ一点、あきらかに特異なものもある。それは、現代を扱った最後の第八章の第四節、クロード・ブリュエールにかんする記述である。肺塞栓のために一九八六年に五十四歳で急逝をしたブリュエールはどういう人物であったかというと、たしかに晩年にはパリ第四大学の教授を務めてはいたが、それでもヘーゲル研究の専門家あるいはカトリック系哲学者として、フランス国内でさえも数少ない専門家のうちでわずかに知られるのみであって、国際的な知名度はほとんどなかった。今もないといってよい。偶然ながら、今回の訳者二人はいずれも近現代フランスのマイナー・ネーム思想家たちについては多少なりとも詳しい日本人研究者の部類に入ると思われるのだが、二人ともブリュエールの著作を読んだことはまったくない。そうした無名にちかい人物を、たとえばドイツ観念論の大物シェリング（ブリュエールの研究対象のひとつでもあった）さえもひとつの段落だけで扱わなければならないほどコンパクトな本書のなかで、一節を割いて記述しているのは、あきらかな偏りであるということになろう。

とはいえ、過去の哲学の哲学史を書くということは結局、書き手がおかれている現在というものを見直す作業でも同時にあるのであり、またそれゆえ、その哲学史の書き手が構想している将来の哲学のイメージを——かりに意図せずとも——吐露する作業となるものである。ちょっと大げさにいえば、ヘーゲルの『精神現象学』やハイデガーの『存在と時間』がそうであったように。そうしたことをかんがみるならば、医療倫理の問題にも精力的にとりくんでいるというフォルシェーが、彼の哲学史書の最後に位置する現代の章において、フランスの医療倫理のパイオニアにして新しい形而上学の探索者の一人としてブリュエールを評価し、一般に紹介するというこの身ぶりは、フォルシェーが予想し構想する《二十一世紀的哲学》の可能なありようの示唆、ということになるのかもしれない。それに賛成するかどうかはもちろんひとつ問題である。たんに著者とブリュエールが知己であったというようなことだけではないかと訝《いぶか》ることもできよう。しかしながら、むしろ私見では、いちばん肝心な点は、ほかのところにある。古代からの哲学の歴史をひととおり見渡した後、現代にたどりついた時点で、では今後どのような《二十一世紀的哲学》が構想可能なのか、という、著者から暗に示された提言、いやむしろ挑発。これを、読者の方々がそれぞれの仕方で受けとり、そしてできるならばこれにたいしてさまざまな対案構想を投げかけるようになっていくこと……。そのような、みずから考えることとしての《哲学することと》へと読者を知らずしらずのうちに誘《いざな》うことこそが、ひょっとすると、ブリュエールを前面に出してフィーチャーするというユニークな仕掛けでもって、フォルシェーがしようとしたことなのかもしれない。

翻訳は、「はじめに」と第一・三・五・八章を川口が、第二・四・六・七章を長谷川が担当した。各章間の表現の統一については、おもに長谷川が調整作業をおこなったが、本書の体裁からして大がかりな作業ではなく、専門学術書ならば「思惟」「思索」等と訳しわけるところを「思考」で統一したこと、各思想家の術語とは別に頻繁にもちいられるフォルシェー特有の言いまわしの処理をある程度均一化したこと、などにとどまる。

古代を扱う第一章にかんしては、西尾浩二氏から懇切で詳細な助言をいただくことができた。中世哲学が扱われる第二章については横田蔵人氏に専門的なチェックをこれまた詳細にいただいた。訳者らの知見をおぎなう両氏の熱意あふれる寄与なしに本訳書は成立しえなかったといっても過言ではない。深く謝意を表する次第である。なお、三宅岳史氏と佐藤慶太氏からも、貴重なアドヴァイスをそれぞれ頂戴した。御礼申しあげる。

訳注のつけ方および分量をめぐっては迷うところがあった。量的なミニマムさを最優先にした本書でのフォルシェーの記述は、初学者などにとっては一読して理解が容易でない箇所も多い。次々景色が変わる小気味よいリズムの裏返しとして、各哲学者の独特な用語が説明なくポンと置かれていることも一度や二度ではない（訳者の印象では、たとえばパスカルやカントのところの論は、少々いそがしく感じられる）。昨今日本で流通する一部の口述筆記的新書のおそろしいくらいの読みやすさからは、善し悪しはともかくかなり離れている。そのため訳注を適宜ほどこす必要があった。だが、かといって訳注があまり数多くなれば原著のもともとの個性を削減してしまうことにもなりかねず、訳者としてはもっとも判断に苦心した点であった。読者諸賢のご叱正を乞いたい。

本書はヨーロッパ哲学史のおおまかな見取り図を与え、そして個々の哲学者の思想のなかに深くはいりこむための入口を提供するものである。またこの日本語訳書では、原著巻末の人名索引をより詳しくして書名索引をくわえてある。そうしたもろもろの要素を、さらに他の哲学的書物、個々の哲学者の著書そのものなどへと読者が思考の冒険をすすめてゆくうえでの手がかりとして活用いただければと思う。

本書の翻訳企画を依頼されてから、予定以上の月日が経ってしまった。これはひとえに雑事におわれた訳者の仕事の遅れによるものである。白水社の中川すみさんには大変なご迷惑をおかけすることとなり、お詫びの言葉もないほどである。ずれ込んだ余裕のないスケジュールを経て、ようやく訳書を上梓できるのは中川さんのご努力によるものというほかはない。

二〇一一年二月

川口茂雄・長谷川琢哉

追記——これは訳者のうち川口の個人的事柄になるが、本書の訳業はサイマル・アカデミー新宿校で彌永康夫先生から学んだことに多くを負っている。在日フランス大使館での圧倒的な通訳翻訳経験に裏打ちされた、語学というものの本質への先生の洞察は、日本の哲学界に漠然と存在する限定的な翻訳イメージしかもちあわせていなかった訳者の言語と翻訳とにかんする考え方を、おおいに揺さぶり、脱構築し、変動させた。いまだ研鑽途上段階の仕事にすぎないものではあるが、それが受けた影響の源泉をここに記しておく。

索　引

ア行

カ行

サ行

タ行

ナ行

ハ行

マ行

ヤ行

ラ行

ワ行

参考文献
（原書巻末）

本書のような書物の場合，詳細な文献目録を作成するのは不可能である．われわれは論述にさいして，多くの著作を引用した．もっと考えを深めたいと望む読者は，そうした著作を参照したいと思うにちがいない．

一般的にいって，初学者は比較的入手しやすい入門書から始めるのがよいだろう．いくつかの出版社から次のようなものが出版されている．

——コレクション「クセジュ（Que sais-je ?）」のなかの，個々の哲学・思想にテーマをより特化して紹介しているもの．

——著述家や哲学者たちの解説として，フランス大学出版局（PUF）の「レ・グラン・パンスール（Les grands penseurs）」，「ル・フィロゾーフ（Le philosophe）」，「フィロゾーフ（Philosophes）」，「フィロゾフィー（Philosophies）」など．

——さまざまなテクストを抜粋したものでは，「レ・グランド・テクスト（Les grandes textes）」（PUF）．

——哲学書のコレクションとして，「カドリージュ（Quadrige）」（PUF），「10/18」（UGE），「GF」（フラマリオン），「イデー（Idées）」（ガリマール），「メディアシオン（Médiations）」，「ポワン（Points）」など．

参考文献
（原註による）

【1】 Hegel, *Encyclopédie*, §95 (trad. Bourgeois, Ed. Vrin).

訳者略歴

川口茂雄（かわぐち・しげお）
一九七六年兵庫県生まれ。
京都大学文学研究科博士課程指導認定退学。日本学術振興会特別研究員ＰＤ（東京大学人文社会系研究科）を経て、現在、獨協大学国際教養学部非常勤講師。

長谷川琢哉（はせがわ・たくや）
一九七五年新潟県生まれ。
京都大学文学研究科博士課程指導認定退学。
龍谷大学非常勤講師などを経て、現在、大谷大学助教。

本書は二〇一一年刊行の『西洋哲学史』第一刷をもとにオンデマンド印刷・製本で製作されています。

西洋哲学史
パルメニデスからレヴィナスまで

二〇一一年三月三〇日第一刷発行
二〇一四年五月三〇日第二刷発行

訳　者　川口茂雄
©長谷川琢哉
発行者　及川直志
印刷・製本　大日本印刷株式会社
発行所　株式会社白水社
東京都千代田区神田小川町三の二四
電話　営業部〇三（三二九一）七八一一
　　　編集部〇三（三二九一）七八二一
振替　〇〇一九〇―五―三三二二八
郵便番号一〇一―〇〇五二
http://www.hakusuisha.co.jp
乱丁・落丁本は、送料小社負担にてお取り替えいたします。

ISBN978-4-560-50956-2
Printed in Japan